하늘에 별도 따다 줄 듯이 사랑했는데
언제부터인가 원수가 되어있다.

우리는 내가 만들어놓은 내 기준의
감옥 속에 갇혀 살고 있다.

내 바라는 욕심을 버릴 때
중년에도 신혼이 시작된다.

남편 그리고 아내
우리는 모두 행복해 질 수 있다!

80억명의 하소연

남편·아내에게 질렸어요!

지음 행복전도사 박순석

미디어북

남편·아내에게 질렸어요!

초 판 발 행	2023년 4월 26일
초판2쇄발행	2023년 5월 24일
저 자	박순석
감 수	김진선
발 행 인	정상훈
디 자 인	신아름
펴 낸 곳	미디어북

서울특별시 관악구 봉천로 472
코업레지던스 B1층 102호 고시계사

대 표 02-817-2400 팩 스 02-817-8998
考試界·고시계사·미디어북 02-817-0418~9
www.gosi-law.com
E-mail : goshigye@chollian.net

판 매 처	미디어북·고시계사
주 문 전 화	02-817-2400
주 문 팩 스	02-817-8998

정가 15,000원 ISBN 979-11-89888-51-0 03590

미디어북은 고시계사 자매회사입니다

중년에도 신혼처럼 사는
두가지 원리와 36가지 지혜

우리는 아직 행복해질 기회가 있다

서문

저는 기업을 경영하면서 스트레스를 너무 많이 받아 한 달에 두서너 번씩 병원에 다녀야 할 정도로 힘든 생활을 해왔습니다. 그러나 2011년부터 '화가 발생하지 않는 생활'을 실천하면서 행복이 멀리 있는 것이 아니라 즉시 행복해 질 수 있다는 놀라운 경험을 하였습니다. 이는 누구든지 행복해질 수 있는 길이기에 저의 경험 사례를 이야기하고 나누고자 합니다.

그리고 수많은 부부들이 결혼할 때는 평생을 행복하게 살 거라고 다짐하고 출발했으나 음 소거 부부, 각방 부부, 졸혼 부부 등 '결혼 지옥'으로 고통받으며 살아가고 있습니다.

우리 인간이 왜 그렇게 살아갈 수밖에 없는지, 화가 나는 이유, 갈등이 일어날 수밖에 없는 이유를 에니어그램 성격유형을 통해 살펴보았습니다. 특히 결혼 전 배우자와 결혼 후 배우자가 왜 달라지는지 원인을 알아보았습니다. 그리고 어떻게 하면 좋은 관계를 맺을 수 있는지 그 원리와 방법을 제시했습니다.

제가 13년간 '화가 발생하지 않는 생활'을 실천하면서 언론에 쓴 칼럼과 블로그 활동, 강의한 내용들을 토대로 책을 엮었습니다.

이 책이 발간될 수 있도록, 제가 스트레스 없는 삶을 살 수 있도록 인도해주신 인각 큰 스님께 감사의 인사를 드립니다.

이론적으로 어렵게 분석하고 정리한 게 아니라, 저의 경험을 토대로 누구든지 쉽게 실천할 수 있는 체험을 나누고자 합니다. 이번 책이 수많은 사람에게 행복한 삶, 행복한 부부생활의 지침서가 되기를 기대합니다. 감사합니다.

2023년 4월

저자 행복전도사 **박 순 석**

추천사

(사)대원본존 조계종 석불사 종정 **인 각**

박순석 행복전도사가 스님과 연이 된지도 벌서 어연 13년이 되었습니다. 중생은 누구나 사랑 할 줄도 모르고 사랑 줄줄도 모르고 사랑 받을 줄도 모르고 있습니다.

이 스님의 가르침을 잘 받아들여서 찾은 행복을 세상에 많이 전하려고 하니 참 감사합니다.

그 동안 '화가 발생하지 않는 생활' 실천을 통해 경험한 내용들과 강의한 내용을 정리하여 책으로 출판하니 불행과 고통 속에서 헤어나지 못하는 그 들에게 커다란 희망이 될 것을 확신합니다.

믿고 행으로 따르는 자는 행복을 얻을 것이요
식으로 받아들인 자는 더욱 불행하게 될 것입니다.

대화가 되지 않는 부부, 부모, 형제, 처, 자 그리고 이웃들의 분쟁과 불행을 치유하여 화합과 평화와 행복의 즐거움으로 인도할 것이라 확신하며 중생들에게 이 책을 권장하고 싶습니다.

대구한국일보 대표 유 명 상

사랑하니까 좀 함부로 해도 된다고요?

끈끈하고 단단했던 우리의 사회가 급속히 무너지고 있습니다. 부부 사이도 다르지 않습니다. 부부가 흔들리고 가정이 붕괴되고 있어 사회적 해법이 필요한 시점입니다. 언필칭 '행복전도사' 박순석은 현실적인 원인 분석과 해법으로 이 문제에 접근하고 있습니다. 그는 '화'와 '스트레스'가 모든 갈등의 원인이라고 분석합니다. '화가 발생하지 않는 생활 실천' '스트레스 받지 않는 생활' 등 제목만 봐도 그가 이 책을 상재한 이유를 쉽게 유추할 있습니다. 본인이 경험한 사례와 주변에서 목격했거나 직접 개입한 사건들을 위주로 이야기를 펼쳐갑니다. 갈등의 원인과 그 원인을 제거할 수 있는 구체적인 방법을 읽고 있노라면 저절로 무릎이 탁, 쳐집니다. '사장 나와. 사장 안 나와?'처럼 우발적인 분노와 여기에서 비롯된 충동적 행동의 원인을 분석하고 그 해결책까지 상세해 놓은 글들이 빼곡합니다. 우리 사회가 스트레스와 화의 질곡으로부터, 이혼과 가정 파괴라는 비극으로부터 벗어나는데 적지 않은 도움이 될 것이라고 확신합니다. 여러분들의 일독을 권합니다.

추천사

상담학박사·디지털융합교육원장 **최 재 용**

부부란 참 묘합니다. 서로 죽일 듯, 안볼 듯 싸우다가도 한 이불 속에서 자고 백년해로도 합니다. 그래서 예전에는 '부부싸움은 칼로 물베기다'라는 속담이 있습니다.

과거에는 참고 견디는 문화였습니다. 그런데 산업화와 핵가족화가 되고 시대가 급변하는 과정을 거치면서 참을성이 부족하여 그 즉시 화가 분노로 이어져 조절이 제대로 되지 않고 있습니다. OECD국가에서 이혼율이 가장 높을 정도로 우리나라 부부의 위기가 현실화되었습니다.

이 책에서는 소중한 부부인연과 싸우지 않고 중년에도 신혼부부로 살아가는 행복전도사 박순석 부부의 이야기가 진솔하게 들어있습니다. 그리고 인간이 스트레스를 받을 수 밖에 없는 구조인데 그것을 풀어헤쳐 스트레스 받지 않고 살아갈 수 있는 방법들을 이야기하고 있습니다. 누구나 실천을 통해서 행복한 삶을 살아갈 수 있는 길이 있음을 확인할 수 있습니다.

몇 십년을 살고 있는 부부들과 이제 결혼 해볼까 하는 예비부부들이 꼭 읽어야할 필독서로 추천합니다.

목 차

목 차

PART 3. 갈등의 원인과 좋은 관계를 만드는 법

목 차

목 차

Prologue

저자 박순석은 1995년부터 기업을 경영해오고 있는 기업가입니다. 기업경영에 따른 스트레스의 연속으로 불면증에 시달리고, 몸살감기를 한 달에 두 번 이상씩 앓아서 별명이 '약 봉다리'로 불릴 정도로 힘들게 살았습니다.

그러나 2011년부터 '화가 발생하지 않는 생활', '스트레스 받지 않는 생활'을 실천하게 됐습니다. 스트레스를 받지 않고 근심·걱정이 사라지니 숙면을 취하게 되고 면역력 증대로 병원에 갈 일이 없어졌을 만큼 건강해졌습니다. 건강한 삶은 바로 행복한 삶의 시작입니다.

'화가 발생하지 않는 생활'을 실천한 지 7년이 되는 2017년 말, 22년간 운영해오던 사업체가 무너지게 됐습니다. 그러한 고난 속에서도 역경을 담담하게 잘 극복하고 중년이 넘은 나이에도 아내와 신혼처럼 살아가고 있습니다. 이것이야말로 진정한 '행복'이라 할 수 있습니다.

우리는 누구에게 화를 제일 많이 낼까요? 멀리 있지 않습니다. 바로 내 옆 지기 '남편·아내'입니다. 결혼하기 전에는 하늘의 별도 따다 줄 듯하지 않았습니까? 가슴이 콩닥거리고 그냥 같이 있기만 해도 마냥 좋았었고, 온 세상이 내 것인 것처럼 하늘을 날아갈 듯이 좋은 때가 있었습니다.

그렇게 평생 가장 사랑하고 아껴야 할 남편·아내에게 막상 결혼하고 나면 화를 가장 많이 내면서 서로에게 상처를 주고받으면서 불행하게 살아갑니다. 결혼한 지 몇 년 되지도 않았는데 음 소거 부부, 각방 부부, 졸혼, 나아가 이혼, 심지어 폭력과 살인까지 일어나는 것입니다. 우리나라 이혼율이 OECD 국가 중에서 1위라고 합니다. 이 얼마나 불행한 일입니까?

특히 하버드대학교에서 75년간 행복에 관한 추적 연구한 결과를 보면 우리를 행복하고 건강하게 만드는 것은 '부와 명예가 아니라 좋은 관계'라고 나왔습니다. 그런데 '인간관계라는 것은 복잡하고 머리 아픈 일이다'라며 하버드 대학 75년간의 연구를 통해서도 풀지 못했습니다.

이 책에서 저는 '좋은 관계를 만드는 비법'을 공개하고자 합니다. 우리가 살아가면서 관계를 맺기 가장 어려운 대상이 바로 배우자인데, 배우자에게 화낼 일이 사라지고 중년에도 신혼처럼 살갑게 살 수 있는 삶의 지혜들을 담았습니다.

특히 중년의 독자들이 읽기 쉽게 책의 글자 크기를 11포인트로 하였습니다.

세상 사람 모두 함께 행복했으면 하는 바람으로 그동안 신문에 보도했던 칼럼과 '행복을 찾은 사람들 운동본부' 블로거에 올렸던 글 그리고 강연했던 내용을 중심으로 책으로 엮었습니다.

Part 1

약 봉다리 박 사장 '행복 전도사' 되다

제가 기업을 경영하면서 스트레스를 받아 한 달에 두서너 번씩 병원을 다녀야 할 정도로 힘들게 생활하다가 "화가 발생하지 않는 생활"을 실천하게 된 계기와 경험사례를 이야기 하였습니다.

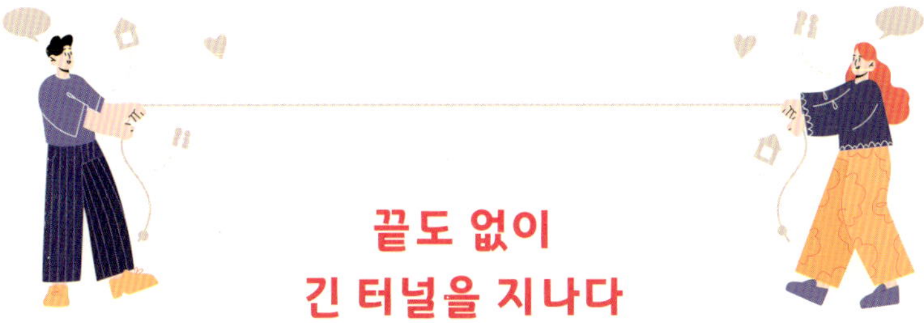

끝도 없이 긴 터널을 지나다

끝이 없는 스트레스

저는 일찍 부모를 여의고 주경야독하면서 어렵게 대학을 졸업했습니다. 대학을 7학기 만에 조기 졸업을 한 후 대구상공회의소에 입사했습니다. 대구상의에서 직장생활을 하면서 그동안 사귀어오던 아내와 결혼해 슬하에 2남 1녀를 두고 있습니다.

우연한 기회에 1995년에 디자인 회사를 창업하게 됐고, 그때부터 기업 대표가 돼 동분서주 뛰어다녔습니다. 주요 업무 분야는 브랜드, 포장디자인, 홍보마케팅 등 디자인 관련 업무로 시작했습니다. 이렇게 출발해 10년 정도 되는 시점에 농림부의 사업인 농촌 마을 종합개발사업과 관련된 컨설팅 업무를 확장해 진행했습니다. 기업의 규모가 커지고 직원 수도 많이 늘었습니다.

그런데 저는 가정보다는 회사가 우선이었습니다. 모든 것을 회사업무에 올 인을 했었습니다. 회사가 잘될 때 우리 회사가 제안입찰에 들어간다고 하면, 다른 회사들은 아예 포기할 정도로 업계에서 뛰어나다는 평가를 받았고 소문이 자자했습니다. 그렇게 회사업무에 매달려 뛰어다니다 보니 자신을 위해 5분도 쉴 틈이 없이 바빴습니다.

그러니 한참 커가는 아이들과 함께 놀아주지도 못하고 제대로 해주지 못한 부분이 많았습니다. 지금 와서 돌아보면 아내와 자녀들에게 참 미안한 마음이 듭니다.

그러나 사업이라는 것은 오르막이 있으면 내리막이 있기 마련입니다. 특히 CEO가 받는 스트레스는 정말 심각합니다. 기본적으로 일거리를 확보해야 하고, 그 업무를 원활하게 잘 진행해야 하고, 자금도 원활하게 돌아가야 합니다. 이외에도 중소기업 대표가 챙겨야 할 일들은 너무나도 많습니다. 한마디로 처음부터 끝까지 대표가 알고 챙기지 않으면 안 됩니다.

수주를 받는 것도 기술력이 뛰어나다고 되는 일은 아닙니다. 외적인 변수들이 너무 많이 작용하기 때문입니다. 거기다가 인력관리 또한 쉽지 않습니다. 업계에서는 인력이 부족하다 보니 경쟁기업에서 호시탐탐 직원들을 스카우트해 가려고 합니다.

수주를 받게 되면 실행해야 하는데 업무 진행 도중에 담당 직원들이 퇴사하면 업무에 막대한 지장을 초래합니다. 그리고 직원 구하기도 어려워 애를 먹습니다. 그러다 보니 오히려 직원들이 갑질을 하기도 하는데 때에 따라서 몇 사람이 한꺼번에 퇴사하는 바람에 업무 마비가 올 정도로 어렵게 만들기도 합니다.

그리고 좋은 고객들도 많이 있지만 갑질이 매우 심한 경우도 많았습니다. 거의 적자를 보면서 일을 해야 할 때도 많았습니다. 힘들 때면 "안 하면 되지"라고 말하기도 하지만 갑의 힘이란 실제로 생각 외로 큽니다. 그 업계에서 일하지 않으면 모를까 업계에 몸을 담으려면 울며 겨자 먹기로 해야 합니다. 그러다 보니 스트레스가 끊이질 않았습니다.

출처 : Freepik

약 봉다리 박 사장

앞서 이야기했듯이 기업을 경영하다 보면 일거리 확보 문제, 자금 문제, 인력 문제 등이 돌고 돌아가면서 끊임없이 문제가 발생합니다. 그러다 보니 스트레스는 당연히 지속적으로 받게 되고 스트레스를 받으면 잠도 제대로 잘 수가 없게 됩니다.

저의 경우는 잠이 들면 새벽 2~3시쯤에 깨는 경우가 많았습니다. 이렇게 잠에서 깨면 화장실에 다녀온 후 다시 잠을 청하는데 잠이 안 오는 것이었습니다. 그야말로 불면증입니다.

그렇게 3~4시간 잠을 못 이루고 있다가 새벽 6시경에 잠이 살짝 들기도 했습니다. 그런데 이 시간은 출근 준비해야 하는 시간입니다.

그리고 장거리 출장을 갈 때도 많다 보니 운전할 때 졸음운전이 가장 큰 위험이었습니다. 심지어는 불면증 때문에 수면제를 복용하기도 했습니다. 그런데 수면제를 먹으면 종일 몽롱해 활동을 못할 정도가 됩니다. 이런 생활이 반복되다 보니 늘 몸은 피곤하고 천근만근이며 휴일에는 잠을 자고 또 자고 또 자도 피로가 풀리지 않았습니다. 그러니 몸살·감기도 끊이질 않았습니다.

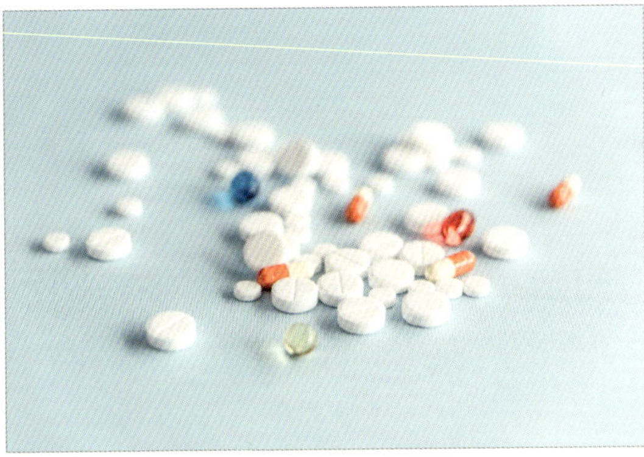

출처 : Freepik

저는 몸살감기를 앓으면 고열이 나고 며칠씩 드러누워 버리는 형태로 심하게 앓았습니다. 그래서 몸이 으슬으슬해지면 미리 병원에 가서 주사를 맞고 약 처방을 받아서 먹어야만 했습니다.

또한 출장 가 있는 동안 몸살이 날 때 병원에 가기 힘들어 처방 없이 약국에서 살 수 있는 생약제 감기약을 사다 쟁여놓고 먹었습니다. 그래서 저를 잘 아는 친구가 '약 봉다리'라는 별명을 붙여주었습니다.

제발 잠 좀 잡시다!!

이렇게 주중에는 늘 피곤한 몸을 이끌고 이리저리 뛰어다니다 보니 주말에는 부족한 잠을 채워야만 했습니다. 그런데 주말에 집에서 아이들이 시끄럽게 놀거나 떠들거나 하면 신경이 예민해져 잠을 잘 수 없으니 "조용히 해!"라고 고함을 치곤 했습니다.

아이들이 다 큰 뒤에 그때를 회상하면서 하는 말이 "아버지 잠을 주무시면 우리는 숨소리도 죽여야 했습니다"라고 말하더라고요.

출처 : Freepik

물론 당시에 저는 잠을 자야만 일을 할 수 있기 때문에 잠이 절실해 그렇게 한 것이지만, 그 피해를 오롯이 가족들이 받았던 것입니다. 참으로 제가 가족들에게 잘못 했다는 것을 뒤늦게 알았습니다.

식당에서 펑펑 울다

이렇게 사업을 해오다가 규모가 커지고 관리하는 데 어려움이 있어서 아내도 회사로 출근해 일을 돕기 시작했습니다. 회계 관련 업무를 보면서 도움을 많이 주었습니다. 그런데 자금이 정상적으로 들어오지 않더라도 나갈 급여는 제때 나가야 하는 것입니다. 그러니 여기저기에서 차입하고 급여를 어렵게 맞춰 주고 있었습니다.

그 과정들이 정말 얼마나 괴로운 일인지 사업을 해 보신 분들은 이해가 될 것입니다. 가장 큰 비중은 인건비를 비롯한 고정경비인데, 특히 인건비는 미룰 수 없어서 어떻게 차입하더라도 지급을 해야만 했습니다.

그렇게 부채가 점점 늘어가서 살고 있던 아파트도 팔아서 회사에 넣었습니다. 이러한 상황에서 저희 부부는 마치 오지도 가지도 못하는 오동나무에 걸린 것처럼, 영화 아수라에 나오는 것처럼 꼼짝달싹할 수 없을 정도였습니다.

어느 날 아내와 함께 지치고 힘든 몸을 이끌고 식당에 저녁을 먹으러 갔습니다. 두 사람이 어려운 난국을 헤쳐가기 위해 여러 가지 대안을 모색하며 대화를 해봤지만, 답이 없었습니다. 즉 현재 구조로는 밑도 끝도 없이 자금이 들어 가야하고, 들어올 것은 제때 들어오지 않는 상황이었습니다.

저희 부부는 식당에서 마주 보며 눈물을 펑펑 흘렸습니다. 옆에 종업원이 서빙을 하면서 우리를 이상한 듯 쳐다보았지만 개의치 않았습니다. 기업을 경영한다는 것이 우리 부부에게는 너무 스트레스의 연속이고 힘들어서 그냥 서로의 얼굴을 쳐다보고 있는데 눈물이 터져 나왔던 것입니다. 굳이 말하지 않아도 서로의 어깨에 얹혀 있는 짐의 무게를 똑같이 느끼고 있었기 때문입니다. 그 당시는 죽고 싶을 만큼 괴로웠습니다.

스님, 세상이 왜 이렇습니까?

이렇게 힘들게 사업을 하고 있던 2010년 12월 31일. 저는 가족들에게 템플스테이를 가자고 제안했습니다. 가서 조금이라도 위안도 얻고 또 좋은 해결 방법을 찾을 수 있지 않을까 싶어서였습니다. 그렇게 천년고찰인 사찰로 템플스테이를 떠났습니다.

출처 : 포토뉴스, KBS '슈퍼맨이 돌아왔다' 캡처

우리 가족뿐만 아니라 많은 사람들이 템플스테이를 하면서 한 해의 마지막 날을 보내고 있었습니다. 대웅전 앞에서 여러 가지 행사하고 큰 스님 법문도 듣고 밤 12시를 기점으로 제야의 종도 한 사람 한 사람 돌아가면서 칠 수 있었습니다. 그리고 법당에 들어가서 108배도 하고 유서를 쓰게 됐습니다.

저는 유서를 써 내려가는데 눈물이 앞을 가려서 유서를 쓸 수가 없었습니다. 가족들에게 눈물을 보이기가 너무 싫어서 억지로 참고 또 참고 눌러서 눈물을 속으로 삼켰습니다.

다행히도 가족들은 제가 울었는지 모를 것입니다. 그렇게 시간을 보내고 난 뒤 잠깐 잠을 청하고 새벽에 일어나서 일출을 보러 가는 시간이었습니다. 일출을 보는 장소가 대웅전에서 약 2시간가량 걸어 올라가야 하는 거리였습니다. 날도 춥고 깜깜한 새벽에 가족들은 손을 잡고 올라갔습니다. 정상까지 올라가서 드디어 일출을 보게 됐습니다.

올해는 사업이 번창하고 우리 가족들 건강하게 해달라고 빌고 또 빌었습니다. 그러던 중에 템플스테이 행사에서 많은 대중 앞에 사회를 보던 스님을 만나게 됐습니다. 우리는 반가운 마음으로 인사를 하고 함께 일출을 배경으로 해 기념사진도 찍었습니다. 그리고 자연스럽게 그 스님과 같이 하산하게 됐습니다. 약 1시간 30분가량 사찰로 내려오면서 제가 그동안 사업을 하면서 풀리지 않았던 여러 가지 문제들을 스님께 질문했습니다.

그 스님은 달변가라서 말씀을 빨리하면서도 거침이 없는 분이었습니다. 그런데 제가 드린 질문의 답이 아닌 엉뚱한 답을 하시는 것이었습니다. 저는 속으로 '그래도, 그래도 스님인데'라고 하면서 물에 빠져서 지푸라기라도 잡아야 하는 심정으로 답 없는 스님에게 계속 질문을 던졌습니다. 템플스테이로 답답함이 풀리기는커녕 똑같았습니다.

테스형 세상이 왜 이래?

2020년 가수 나훈아가 '테스형'을 발표했습니다.

출처 : 유튜브 DanalEntertainment,
나훈아 2020 대한민국 어게인 '테스형!'

어쩌다가 한바탕 턱 빠지게 웃는다
그리고는 아픔을 그 웃음에 묻는다
그저 와준 오늘이 고맙기는 하여도
죽어도 오고 마는 또 내일이 두렵다

아! 테스형 세상이 왜 이래 왜 이렇게 힘들어
아! 테스형 소크라테스형 사랑은 또 왜 이래
너 자신을 알라며 툭 내뱉고 간 말을
내가 어찌 알겠소 모르겠소 테스형
울 아버지 산소에 제비꽃이 피었다
들국화도 수줍어 샛노랗게 웃는다
그저 피는 꽃들이 예쁘기는 해도
자주 오지 못하는 날 꾸짖는 것만 같아
아! 테스형 아프다 세상이 눈물 많은 나에게
아! 테스형 소크라테스형 세월은 또 왜 저래
먼저 가본 저세상 어떤 가요 테스형
가보니까 천국은 있던 가요 테스형
아! 테스형 아! 테스 형 아! 테스형 아! 테스형
아! 테스형 아! 테스형 아! 테스형 아! 테스형

만약에 나훈아의 '테스형' 노래가 2010년에 나왔다면 제 마음을 그대로 테스형에게 대신 물어봐 준 노래일 것입니다.

그런데 '테스형'에서도 답은 하나도 없습니다. 풀리지 않는 문제를 어떻게 풀 수 있을까요? 이미 힌트는 조금씩 얻었을 거라고 보이는데, 3장에서 속 시원하게 답을 찾을 수 있을 것입니다.

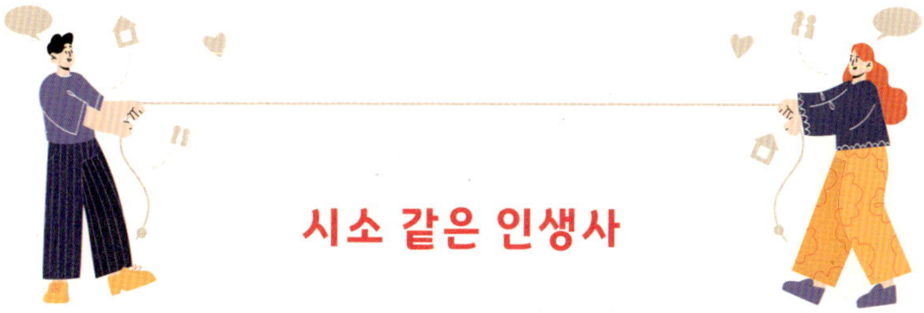

시소 같은 인생사

돌고 돌고 돌아 만난 참 스승

저희 부부는 힘든 현실 속에서 벗어날 수 있는 길을 찾아보려고 참 많은 곳을 다녔습니다. 그러나 그 어디에서도 답을 주는 곳은 없었습니다. 그러던 2011년 무더운 여름날이었습니다.

아내의 친구 소개로 경주 석불사를 찾아갔습니다. 가는 길이 왜 그리도 어려운지 내비게이션은 가는 도중 논길에서 '목적지에 도착했다'라고 알려주었지만, 주변에 절이라고는 찾아볼 수 없었습니다. 30여 분이나 헤매다가 겨우 석불사에 도착해 인각 큰스님의 마중을 받으며 큰 스님을 처음 뵙게 됐습니다.

출처 : 석불사 카페

드디어 스님과의 논쟁이 시작됐습니다.

"스님 저한테 왜 이러한 현상들이 일어납니까? 저는 이렇게 정말 5분도 쉬지 않고 열심히 사업을 해오고 있습니다. 입찰 제안 발표에서 1등을 했는데도 왜 결과가 뒤집혀 떨어집니까? 1등하고 떨어지고, 1등하고 떨어지고…. 왜 이러한 현상들이 일어납니까? 2등하고 떨어졌다면 더욱 열심히 노력해서 1등을 해야 하지만, 1등하고도 떨어지니 어떻게 해야 합니까? 입찰 준비 하나 하는데 들어가는 경비이며, 인건비이며, 직원들의 에너지가 다 물거품이 돼버리니 얼마나 큰 좌절을 겪는지 모릅니다. 얼마나 억울하고 분노가 일어날 일입니까? 저의 개인적인 욕심은 없습니다. 그냥 1등하면 지켜만 주면 되는데 왜 떨어집니까? 2등 한 걸 1등으로 만들어 달라는 것도 아닌데 왜 이러한 일들이 벌어집니까?"

거의 7시간 동안 큰 스님과 논쟁을 벌였습니다. 사실은 논쟁이 아니라 억울함과 분노에 대한 일방적인 울분을 토한 것입니다.

인각 큰 스님은 "모든 것은 내가 지어서 내가 돌려받는 것입니다. 인간은 각자의 기준으로 세상을 바라보니, 세상이 온통 화를 내게 만듭니다. 결국 태어나서 아무것도 모르는 아기가 하나둘씩 받아들여서 자기만의 기준을 만들어 두고 삽니다. 그리고 자기 기준에 들어오지 않을 때는 화를 내게 되고 스트레스를 받으며 삼재팔난을 모두 불러드리게 됩니다"라고 법문을 하셨습니다.

그리고 저에게 다가오는 일들이 '이럴 수도 있겠구나, 저럴 수도 있겠구나, 그럴 수도 있겠구나'라고 바라봐야지 '어떻게 이럴 수 있어?'라고 바라보면 안 된다는 것입니다.

아! 지금까지 그 많은 절을 다니면서 스님을 만나 질문을 해봤지만, 결코 답을 얻을 수 없어 답답하기만 했습니다. 그런데 '인각 큰스님은 지금까지 한 번도 들어보지 못한 법문을 해주시네!'라는 생각이 들면서, 그동안 풀리지 않았던 의문들이 하나둘씩 풀리는 시작했습니다.

지금까지 저는 객관적이고, 합리적이고, 정직하게, 착하게, 잘 살아온 줄 알았는데 모든 것은 스스로 저를 합리화시킨 저의 기준이었고, 그 기준들은 현실 속의 정답과 너무도 다름을 깨닫게 됐습니다.

'아 맞아, 화가 발생하지 않는 생활을 일단은 실천해 보자'라는 생각으로 그날부터 저는 바로 새로운 생활을 시작했습니다. '화가 발생하지 않는 생활'을 실천하니 큰 변화가 나타나기 시작했습니다.

앞서 말씀드린 대로 저는 늘 회사업무로 스트레스를 받으며 근심·걱정으로 힘들었고, 병원에도 한 달에 두서너 번씩 다녔었습니다. 그런데 '화가 발생하지 않는 생활'을 실천하니 스트레스를 받지 않고, 숙면을 취하게 되니 자연적으로 면역력이 매우 좋아지는 것을 느낄 수 있게 됐습니다.

고통 속에서 헤매던 삶이 이렇게 빨리 행복한 삶으로 바뀔 수 있다는 것에 놀라울 따름이었습니다.

'세상 사람들에게 알려야한다' - 영남일보 CEO 칼럼 연재

주변 환경이 변화된 것은 아무것도 없었지만 저에게 는 놀라운 변화가 일어났습니다. 생각만 바꿨는데 그동안 저를 힘들게 해 온 큰 짐들을 다 내려놓을 수 있었고, 마음이 편할 뿐 아니라 걱정거리도 없어지고, 스트레스나 짜증이 생기는 일이 없어지는 것입니다.

저를 만나는 사람들이 이구동성으로 "얼굴이 매우 밝아졌다", "득도했다" 등의 이야기를 했습니다. 맞는 말이었습니다.

늘 스트레스와 근심 걱정으로 얼굴이 어두웠는데 마음의 짐을 벗어버리니 얼굴부터 환하게 밝아지고 말투도 긍정적으로 바뀌었기 때문입니다. 세상에 많은 사람이 스트레스와 근심 걱정 등으로 어려움을 겪고 있는데 ….

아! 이것을 많은 사람에게 알려야겠다는 생각이 들었습니다. 저는 2011년 영남일보 'CEO 칼럼'을 연재하고 있었는데 그해 10월부터 4번에 걸쳐 '스트레스 안 받는 삶'에 대한 칼럼을 쓰게 됐습니다.

영남일보 2011년 10월 4일 화요일 | 오피니언

박순석 (주)아이디어그룹 대표·대구상공의원

C/E/O/칼/럼

'이럴 수도 있구나' '그럴 수도 있구나'

"자신이 세운 기준으로 잘잘못을 가르는 순간 화를 잉태하게 돼 그 기준의 감옥에서 벗어나야 행복 얻을 것"

우리 지구의 나이가 얼마쯤 될까? 그리고 인류가 지구에 출현한 것은 언제부터일까? 많은 과학자들이 여기에 대한 답을 제시하고 있다. 지구의 나이는 약 46억년, 그리고 우리 인류의 기원은 약 300만년 전이라고 추정하고 있다. 그러면 그 이전엔 세월이 없었을까? 아닐 것이다. 우리가 생각할 수도 없는 세월이 있었을 것이다. 그리고 앞으로의 미래는 또 어떠할까? 역시 마찬가지일 것이다. 이러한 수 억겁의 세월 속에 우리 한 인간은 70~80년을 살다가 가는 것이다. 이를 볼 때 우리 한 인간은 극히 찰나와 같은 짧은 순간을 왔다가는 존재인 것이다. 이렇게 우리는 잠시 머물다가 갈 뿐인데 많은 사람들은 영원히 존재할 것 같은 생각을 하며 살아가고 있다.

그리고 우리 인간의 삶속에 나타나는 다양한 일들이 본인의 의지와는 전혀 무관하게 일어나는 경우가 아주 흔하다. 대다수의 인간은 자신의 삶을 열심히 살아가고 선하게 살려고 노력하고 있다. 그러나 어느날 갑자기 자신에게 예측하지 못한 일들이 일어나기도 한다. 그 예로 몇 년 전에 일어났던 동남아의 쓰나미로 인해 28만 명이 한꺼번에 죽음에 이르렀다. 올해 동일본 대지진으로 인해 수많은 사람이 죽거나 다치기도 했다. 그 속의 대다수 사람은 정말 착하게 열심히 살아가는 선남선녀일 것이다. 이 얼마나 억울한 것인가? 운이 아주 나쁜 것으로 치부하면 될 것인가. 세상에는 이러한 현상들이 무수히 일어나고 있다. 그것을 우리는 어떻게 받아들이고 어떻게 해석해야 할까.

또한 우리 인간은 크건 작건 간에 짜증에서부터 신경질, 그리고 화를 내면서 살아가기 마련이다. 그 짜증과 신경질, 화의 원천에는 항상 상대가 존재한다. 그리고 화의 원천은 자기가 아니라 상대라고 생각하고 있다. 따라서 상대를 미워하는 마음이 켜켜 쌓이게 되는 것이다. 그러나 우리 인간은 자기가 지금까지 배우고 경험한 지식으로 '기준이라는 감옥'을 만들어가고 있다. 자신이 세운 그 기준으로 보고 듣고 평가하여 어긋나는 일이 발생할 경우 화를 내는 것이다. 결국 그 '기준의 감옥'이 자신을 옥죄어 오게 만드는 것이다. 그런데 우리 인간은 그 화로 인해 자신의 삶이 더욱 힘들어지고 자신과 관계하는 모든 사람을 힘들게 만들어가고 불행을 잉태시키고 있다는 것을 모르고 있다. 필자 역시 얼마 전의 사례를 보면 자신이 세워놓은 공정성이라는 기준에 어긋나는 사실을 발견하고 억울함에 화를 낸 사실이 있다.

이렇게 우리는 살아가는 동안 어떠한 일을 겪게 될지 모른다. 또한 생활하면서 많은 화를 냄으로 인해 불행해진다는 것을 잘 모르고 있다. 필자는 이러한 풀리지 않는 의문 때문에 고민하고 있을 때 어느 큰 스님을 만나는 인연이 있었다. 스님의 법문은 이러하였다. 세상에 일어나는 모든 일이 '이럴 수도 있구나' '그럴 수도 있구나' '저럴 수도 있구나'라고 생각하면 된다고 하셨다. 바로 그것이 답이었다. 이러한 생각을 가지고 세상의 모든 일들을 볼 때 화를 낼 이유가 사라지게 되는 것이었다.

그리고 '나에게 다가오는 모든 일이 이런 일도 있겠구나, 나에게 다가오는 모든 일이 그런 일도 있겠구나, 나에게 다가오는 모든 일이 저런 일도 있겠구나'라고 생각하는 순간 하루아침에 닥칠 수 있는 재앙에서도 자유로워질 수 있고 결국 생활 속에 일어나는 짜증과 신경질, 화가 사라지게 되는 것이다. 결국 마음의 평정을 찾게 되어 아주 편안해지는 것이었다. 바로 행복한 삶이 찾아오게 되는 것이다. 또한 우리가 겪게 되는 억울함도 사라지게 되는 것이다. 필자는 직원들에게도 기회가 되면 얘기를 하고 있다. 그리고 항상 감사하게 생각하면 어떠한 현실에 직면하여도 절대 화를 내는 일이 없을 것이라고….

출처 : 2011년 10월 4일 영남일보 CEO 칼럼

'행복을 찾은 사람들 운동본부' 블로그 활동을 시작하다

영남일보 칼럼을 쓰고 주변에 만나는 사람들마다 저의 경험을 이야기하고 다녔습니다. 그러다가 '좀 더 많은 사람에게 알릴 방법이 없을까?'하고 방법을 찾고 있었습니다. 그때 마침 직원이 "사장님 블로그를 만들어 알리시죠"라고 하는 것이었습니다.

'그래 블로그를 만들자!'

영남일보 칼럼을 비롯해 '화가 발생하지 않는 생활 실천'을 하면서 경험한 내용을 블로그로 만들어 글을 올리기 시작했습니다.

블로그 이름은 '행복을 찾은 사람들 운동본부'입니다. 행복을 찾아가는 사람들이 아니라 이미 행복을 찾은 사람들이라는 것입니다. 이제 거의 100만 뷰가 다 돼갑니다.

출처 : 행복을 찾은 사람들 운동본부 블로그
https://blog.naver.com/puha7942

13년간 '화가 발생하지 않은 생활'을 토대로 경험한 여러 가지 이야기들이 오늘날 이렇게 책을 엮을 수 있는 자료가 된 것입니다.

사장 나와! 사장 안 나와!

제가 '화가 발생하지 않는 생활'을 실천한 지 몇 달 되지 않은 2011년 12월 초순 월요일 아침이었습니다. 연말에는 회사의 모든 업무를 마감해야 해서 정말 바쁜 시기입니다. 그래서 총괄이사와 함께 제 방에서 선 채로 회의하고 있었습니다.

그러던 중 갑자기 밖에서 "사장 나와! 사장 안 나와!"라고 고함치는 소리가 들려왔습니다. 직원이 급히 제 방문을 두드리면서 들어와 "사장님 1층 식당 아저씨가 올라와 사장님 나오시라는데요?"라고 하는 것입니다.

제가 "들어오시라고 해라"라고 하니 그 직원은 손으로 바깥을 가리키면서 "아니 1층 식당 사장님이 나오시라는데요?" 하는 것이었습니다. 저는 무슨 일인가 하고 밖을 나가 보니 저 멀리 현관 입구에서 1층 식당 사장이 뭐라고 중얼거리면서 뚫어지게 쳐다보는 것이었습니다.

과거의 저 같으면 "어디 무례하고 예의도 없이 월요일 아침부터 많은 직원이 보는 앞에서 '사장 나와!'라고 고함을 치나"라고 하면서 화가 치밀어 올라왔을 것입니다. 여러분도 생각해보면 저와 마찬가지일 것입니다.

출처 : 포토뉴스

하지만 저는 '화가 발생하지 않는 생활'을 실천하는 중이라 감정의 동요 없이 "일단 들어와서 말씀하시죠?"라고 하면서 방으로 모셨습니다.

1층 사장의 얼굴은 금방 주먹으로 한 대 칠 것처럼 얼굴이 붉게 달아올라 흥분한 상태였습니다. 우선 직원에게 따뜻한 차 한잔 가져오라고 했습니다.

저는 "무슨 일이세요?"하고 물어보았습니다. 얘기를 들어보니 그 사장이 식당을 오픈한 지 4개월이 지났는데 주차장 사용 문제로 "나도 참을 만큼 참았습니다"라고 하면서 열변을 토하는 것이었습니다.

사실 건물의 주차 공간이 부족한 상태이고 층별로 주차구역이 나뉘어 있습니다. 1층에는 차가 1대 밖에 없으니 우리 직원들이 1층 자리에 한 번씩 주차했던 것입니다. 특히 식당 입구에는 식사 시간이 되면 출입하기가 불편할 정도였습니다.

저는 바로 "죄송합니다"라고 사과부터 했습니다. '그동안 주차장 사용 문제로 속이 많이 상했겠구나' 하는 마음이 들어 그분의 얘기를 차분하게 끝까지 경청했습니다.

그리고는 "주차 문제로 이렇게 화가 나게 해서 미안합니다"라고 또 사과했습니다. 그래도 그분은 계속 열변을 토하는 것이었습니다.

출처 : freepik

"우리 직원들의 차가 많아서 그리고 교육을 제대로 하지 않아서 주차 문제로 불편하게 돼 정말 죄송합니다"라고 거듭 사과했습니다.

제가 계속 경청하면서 또 한 번 더 "죄송합니다"라고 하면서 "어떻게 하면 되겠습니까?"라고 질문을 했습니다. 그러니 그분은 상황 설명하면서 본인이 생각하는 답을 내놓았습니다.

저는 "예, 그렇게 하겠습니다."라고 했습니다. 이렇게 네 번씩 사과하는 과정에서 그분의 얼굴에 화가 가라앉는 모습이 역력히 보였습니다.

왜냐하면 저는 감정의 동요가 전혀 없이 차분한 마음으로 그분과 대화를 나눴기 때문에 그분의 상태를 정확하게 볼 수 있었던 것입니다. 그러면서 그분께 질문을 했습니다.

나 : "사장님은 살면서 누구에게 화를 제일 많이 내십니까?"
사장 : "그거야 제일 가까운 사람인 집사람이겠지요."
나 : "예 맞습니다. 사모님에게 화가 나면 잘 참습니까?"
사장 : "아니지요, 바로 나오지요."
나 : "그런데 사장님은 여기까지 올라오는 데 얼마나 걸리셨어요? 아까 '4개월이나 됐습니다'라고 하셨지요?"
사장 : "예…."

나 : "우리 인간은 이렇게 불행한 존재입니다. 가장 가까운, 가장 아끼고 사랑해야 하는 아내에게는 화가 나면 바로 버럭 화를 내고, 이웃인 저에게는 4개월 동안이나 참고 참고 있다가 올라 온 것이지요?"

사장 : "예 맞습니다."

저는 "스트레스받지 않는 생활, 화가 발생하지 않는 생활을 실천하고 있습니다. '이렇게 화를 나게 해서 죄송하니 선물 하나 드릴게요'라고 하면서 일어서니 그분이 "어이구 어이구" 하면서 몸 둘 바를 몰라 하는 것이었습니다.

그러면서 제가 쓴 영남일보 칼럼 '이럴 수도 있겠구나, 그럴 수도 있겠구나' 외에 '자살 권하는 사회 행복 찾기', '욕심은 화를 잉태하고 화는 불행을 싹 틔운다'라는 칼럼을 드렸습니다.

그리고 "저는 지금 화가 발생하지 않는 생활 실천을 140일째 해오고 있습니다"라고 하면서 "인간은 세상에 태어나서 보고 듣고 배운 것을 갖고 각자가 세워둔 기준이라는 감옥에 갇혀서 이렇게 불행하게 살고 있지 않습니까? 내 기준에 들어오지 않으면 '어떻게 이럴 수가 있어!'라고 화를 내게 마련입니다. 그러나 어떻게 이럴 수가 있어 대신에 '아 당신 입장에서는 그럴 수도 있겠구나'로 바라보는 것입니다"라고 이야기했습니다.

제 말을 끝까지 듣던 그분이 하시는 말씀이 "저도 경우 있는 사람이에요"라고 하면서 자기들은 "차를 한 대만 사용하니 우리에게 남은 주차 공간을 할애해 주겠다"라고 얘기하는 것이었습니다.

그리고 식당 입구 쪽의 공간에도 점심시간과 저녁 시간만 피하고 사용해도 좋다고 얘기했습니다. 그리고 "아침부터 소란을 피워서 죄송하다"라는 사과까지 하는 것이었습니다.

그렇게 주차 문제로 고함을 치며 분노에 차 올라왔던 분이 오히려 우리에게 주차 공간을 제공하며 사과를 하는 것이었습니다. 그리고 나갈 때는 직원들에게 "아침부터 고함을 쳐서 너무 죄송합니다"라고 정중하게 사과하면서, 입이 귀에 걸릴 정도로 환하게 웃으면서 내려가는 것입니다.

만일 그때 제가 "어디 월요일 아침부터 무례하게 고함을 치나!"라고 하면서 맞받아쳤다면 큰 사건으로 번졌을 것입니다.

오후 늦게 한 직원이 떡볶이를 비롯한 간식거리를 사 왔습니다. 세미나실에서 함께 먹으면서 아침의 사건에 관한 얘기가 나왔습니다. 직원들의 궁금증은 매우 커져 있는 상태였습니다.

"사장님 도대체 어떻게 하셨기에 화가 잔뜩 나서 한 대 칠 것 같은 기세로 올라온 사람이 함박웃음으로 정중하게 사과하면서 내려갔어요?"라고 물었습니다.

저는 "우리는 살아가면서 오늘과 같은 일이 일어날 수 있습니다. 즉 상대가 화를 내고 고함을 치며 다가올 때는 우선 감정을 일으키지 말고 상대의 얘기를 끝까지 경청하라. 인정해주라. 그리고 잘잘못을 떠나 사과하라. 그리고 상대의 말에서 해답을 얻어라. 제가 주장할 말이 있으면 감정 없이 '저의 생각은 이러이러한데 참고만 하십시오'라고 하면 된다"라고 알려줬습니다.

'화가 발생하지 않는 생활'의 위력을 실감했습니다.

출처 : freepik

존경받을 수 있었는데

"사장 나와!" 사건이 있은 지 얼마 뒤에 어떤 지인이 우리 회사를 찾아와 함께 말씀을 나누고 있었습니다. 저는 '화가 발생하지 않는 생활'에 관해서 얘기하던 도중 "사장 나와!" 했던 사례를 말씀드렸더니 자신의 이야기를 해주는 것이었습니다.

"아, 제가 예전에 모 대기업에 부서장으로 근무할 때 일입니다. 부서 이동이 있어서 새로운 부서로 갔는데 그 부서에 있던 현장 기사분이 매우 성질이 급하고 다혈질인 분이 있었습니다"라며 이야기를 이어갔습니다.

어느 날 현장에서 무슨 이유인지 그 기사분이 전화를 걸어와 화를 낸다는 것이었습니다. 그래서 그 지인은 "무슨 소리 하는 거냐?"라고 전화통에 대놓고 소리를 질렀다고 합니다. 그 뒤 좀 있으니 그 현장 기사분이 씩씩거리면서 사무실로 올라왔다는 것입니다. 그 모습을 보던 그 지인은 욱하는 마음으로 그 기사분의 멱살을 잡고 얼굴을 때리며 폭행했고, 많은 사람이 지켜보고 있어서 그런지 그 기사 분은 그냥 맞고 있었다고 합니다.

그런데 그 결과 그 기사분의 이빨이 부러지고 전치 몇 주의 상해를 입은 겁니다. 그로 인해 그 지인은 매우 곤란한 지경에 빠지게 됐다고 합니다. 소송이 걸려 오고 손해배상을 하고…. 회사에서는 관리자로서의 위신이 추락하고 말았다는 것이었습니다.

지인은 "만약 그때 사장님께 이 말씀을 들었더라면 그렇게 행동하지 않았을 건데, 욱하는 감정을 참지 못해 순간적으로 큰 사고를 내버렸네요"라며 후회했습니다.

그리고 "그때 제가 만약 사장님처럼 행동했더라면 참 존경받을 수 있는 관리자가 됐을 것인데…"라고 하면서 그때 일을 후회하면서 돌아보는 것입니다.

이렇게 우리는 갑작스러운 분노에 노출 될 때가 많습니다. 그러면 자신의 감정도 함께 요동치게 마련인데 그렇게 되면 큰 재앙을 만들게 됩니다. 화가 발생하지 않는 생활은 항상 평정심을 유지하도록 만들어주기 때문에 그러한 재앙을 예방할 수 있었던 것입니다.

냉동실에 갇혔어요 - 걱정을 가불하다

예전에 일어난 일입니다. 어느 시골에 냉동 창고에 들어갔던 사람이 나오질 못했습니다. 냉동실 문이 밖에서 잠겨 버렸기 때문입니다. 왕왕 일어나는 사건들입니다. 이 사람은 어떻게 됐을까요? 예, 생각하신 대로 그 사람은 얼어 죽고 말았습니다.

그런데 나중에 경찰관과 함께 조사하는 과정에 드러난 사실인데, 그 냉동 창고는 고장이 나서 수리 중이었던 것입니다. 수리 중인 냉동 창고에 들어간 그 사람은 왜 얼어 죽었을까요?

냉동실 문이 닫힌 그 순간 그는 '이제 얼어 죽는구나'라는 걱정이 산더미처럼 몰려왔던 것입니다. 시간이 지날수록 냉동 창고에서 나오지 못하자 점점 걱정은 공포에 휩싸이게 만들어 버렸고, 결국 공포는 그를 얼어붙게 만들어버렸습니다.

이렇게 우리는 아직 일어나지 않은 일에 대해 너무나 큰 걱정을 하고 살아가고 있습니다. 한 마디로 걱정을 가불하고 살아가는 것입니다. 내가 걱정한다고 해서 풀리지 않는 일이 잘 풀릴 것도, 걱정을 안 한다고 해서 잘 풀릴 일이 안 풀릴 것도 아닙니다.

내가 하는 걱정하고는 무관하게 결과는 나오게 됩니다. 오히려 걱정하다 보면 정상적으로 처리할 수 있는 일을 오히려 조바심에 엉뚱한 의사결정을 하게 돼 일을 그르치는 경우가 많습니다.

• 내일은 내일 해가 뜨면 몸으로 부딪혀라

출처 : 행복수첩, 행복을 찾은 사람들 운동본부

미래의 일은 그 시점에 내 몸이 가서 해결해야 할 일입니다. 지금 일어나지도 않은 일을 끌고 와서 마음을 무겁게 짓누르고 오히려 일을 그르치게 만드는 것입니다.

그러니 걱정이 우리 인간을 너무나 괴롭히고 있습니다. 걱정을 가불 할 필요가 전혀 없는 것입니다.

'무 스트레스 삶'으로 병원과 이별하다

앞서 이야기했듯이 회사를 경영하다 보니 스트레스가 늘 쌓여있고 근심·걱정이 끊어질 날이 없었습니다. 면역력이 떨어지니 조금만 피곤하면 바로 몸살을 앓고 이는 곧 감기로 이어지는 것입니다. 그러면서도 한 달에 몇 번씩은 심하게 감기를 앓게 되고 특히 업무가 많이 몰리는 연말에는 병원에 입원하기도 했습니다.

그런데 제가 '화가 발생하지 않는 생활'을 시작하면서 스트레스가 사라지고 근심 걱정도 사라지니 이렇게 마음이 편안하고 행복해지는 것입니다. 따라서 잠을 깊이 잘 수 있고 면역력도 강화되어 아침에 일어나면 개운하고 몸의 상태는 최상으로 되는 것입니다.

제가 기업을 운영하면서 실천한 '화가 발생하지 않는 생활'은 다음과 같습니다.

첫째, 우선 내 기준을 버리고 욕심을 부리지 않는 것입니다. 내 기준에 안 들어올 때 "어떻게 이럴수가 있어?"라고 감정이 올라오게 마련인데 "아, 그럴 수 도있겠구나!"라고 바라보는 것입니다. 그리고 과도하게 수주받기 위해 뛰어다니지 않았습니다. 즉, 꼭 수주받아야 한다는 욕심과 강박관념에서 벗어나게 됐습니다.

둘째, 수주받기 위해 입찰 준비를 엄청나게 했어도 실패할 경우가 많은데, 그렇게 되더라도 좌절감이나 상실감이 들지 않았습니다. '그것이 나와 인연이 아니었구나'라고 생각하면 마음이 편해지는 것입니다.

과거에는 입찰에서 1등하고도 뒤집히는 경우가 워낙 많으니 거기에서 스트레스를 많이 받았고, 화가 치밀어 올라 견딜 수가 없었습니다. 2등하고 떨어지면 억울하지는 않을 텐데, 1등하고도 떨어지니 얼마나 억울하겠습니까? 이런 일들이 1년에 몇 번씩 일어나면 거기서 오는 매출 손실은 또 얼마나 크겠습니까? 그러나 마음 하나 돌이키고 보니 결국 바라는 바가 없어지고 스트레스가 사라지는 것입니다.

셋째, '회사가 여러 가지 일로 잘 운영되지 않으면 어찌할까?'하는 걱정이 없어졌습니다. 나에게 다가오는 일들이 이럴 수도 있고, 저럴 수도 있고, 그럴 수도 있는데 어찌 나에게만 나쁜 일이 일어나지 말라고 욕심을 부리겠습니까? 모든 것은 내가 지은 것이고 결국 내가 돌려받는 것입니다. '최선을 다할 뿐이다'라는 생각하니 마음이 편해지는 것입니다.

넷째, 제가 화를 내지 않으니 저와 관계하는 모든 분들이 저를 싫어할 일이 없어지는 겁니다. 그러니 엄청나게 꼬인 업무도 원활하게 잘 풀어헤쳐 나갈 수가 있게 됐습니다. 그것도 스트레스를 받지 않고 말입니다.

다섯째, 직원들에 대한 스트레스도 마찬가지입니다. 제가 직원에게 바라는 바와 직원들이 나에게 바라는 바는 분명 다를 겁니다. 그런데 직원들이 이렇게 해주었으면 하고 바라고 있었고, 그렇게 하지 못하는 직원들을 볼 때 스트레스를 받을 수밖에 없었습니다. 직원들에게도 바라는바 욕심을 줄이니 직원들이 제게 그렇게 감사해할 수가 없는 것입니다.

여섯째, 가장 중요한 가족에 관한 얘기입니다. 사실 부부나 가족 간에 사소한 일로 신경질을 내고, 짜증을 내게 되고, 나아가서는 고함을 치고, 그러다 보면 결국 싸움으로 이어집니다. 그런데 그러한 일들이 사라지니 가정이 너무나 행복해지는 것입니다. 그러니 가정에서 스트레스가 쌓일 일이 전혀 없어지는 것입니다.

일곱째, 나에게 일어나는 모든 일들에 대해 나의 기준으로 분별하지 않으니 대인관계에서 일어나는 미움의 감정이나 억울하다는 감정이 생기지 않는 것입니다. 이렇게 하니 스트레스를 받지 않고 늘 편안하고 근심·걱정이 없어지는 것입니다.

즉 버리니 모든 것을 얻을 수 있게 됐습니다. 늘 여유롭게 생활하며 항상 감사하는 마음으로 살아가고, 주변 모든 분에게 웃는 모습으로 대하니 이 얼마나 큰 행복이겠습니까?

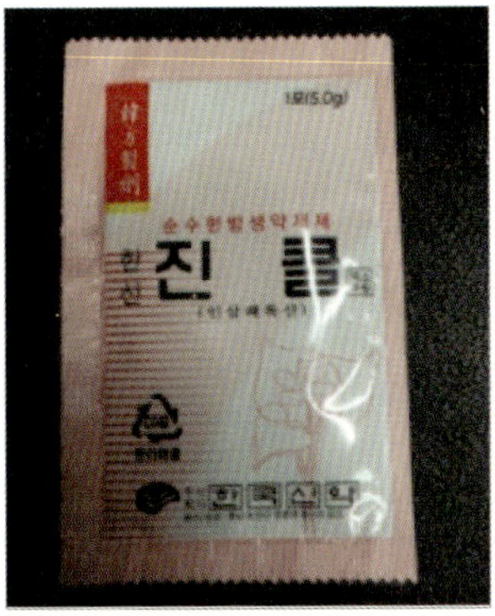

제가 늘 쟁여놓고 먹던
'진콜' 생약제

나아가 '화가 발생하지 않는 생활'을 만나는 사람마다 전파하고 고민을 듣고 풀어주는 일을 하고 있습니다. 결국 모든 병의 근원이 스트레스라는 것을 깨달았습니다. 그러니 409일 전에 먹던 몸살감기약 '진콜'이 아직 서랍 속에 그대로 남아있고, 그렇게 자주 다니던 병원과도 이별할 수 있었습니다.

출처 : 행복을 찾은 사람들 운동본부 블로그 2012년 9월 6일

아! 이러다가는 직원들이 모두 사표를 내겠구나

모 기관과 큰 프로젝트를 실행하고 있는데 그 기관 담당 L 과장은 기준이 명확하고 자기가 세워둔 그 기준에서 조금만 벗어나면 용납하지 않고 혼을 내는 스타일의 사람이었습니다.

그러니 그 사람 하나로 인해 회사 담당자들이 너무 애를 먹고 있었고, 얼마 되지 않아 담당자는 사표를 내고 회사를 떠났습니다. 사표를 낼 정도라면 그 과정이 얼마나 힘들었나를 가늠할 수 있을 것입니다.

그 후 사표를 낸 그 직원보다 더욱 일을 잘하고 능력이 더 뛰어난 J 과장과 신입사원이 투입돼 업무를 수행하게 됐습니다. 그러나 J 과장 역시 얼마 가지 않아 어려움에 부닥치게 됐고, J 과장이 받는 스트레스는 말로 다 할 수 없었습니다. 결국 그 업무를 수행할 수 없을 지경이 돼버렸습니다.

결국 회사 내에서는 그 기관의 L 과장에 대해 소문이 파다하게 나게 됐고, 기존 담당자는 업무를 정상적으로 수행할 수 없으니 새로운 담당자를 선정해야 할 상황이었습니다.

그래서 경력이 10년이 넘는 팀장을 새로운 담당자로 선임할 계획을 하고 있었습니다. 이 얘기가 있자 그 팀장은 사직하겠다며 제 방에 들어와 여러 가지 얘기를 하고 나가는 것입니다.

"아! 이러다가는 직원들이 모두 사표를 내겠구나."

제가 직접 그 L 과장을 만나 얘기해야겠다는 생각이 들어 신입직원을 데리고 방문했습니다. L 과장과 만난 자리에서 저는 바로 "그동안 이렇게 불편하게 만들어 너무 죄송합니다. 그리고 제가 늦게 올라와서 죄송합니다. 저희가 업무를 원만히 수행하지 못해 죄송합니다."라고 거듭 사과했습니다.

그리고 L 과장이 하는 얘기를 죽 경청하면서
"예, 맞습니다."
"예, 맞습니다."
"예, 죄송합니다."라고 하면서
"앞으로 어떻게 하면 되겠습니까?"라고 질문을 하니 자신의 바라는 바를 얘기 해주는 것입니다.

저는 "예, 그렇게 하겠습니다. 그리고 더욱 직원들의 교육을 철저히 해 잘해 나가겠습니다."라고 하며 "저희도 열심히 할 테니 과장님도 많이 도와주십시오."라고 하니, L 과장의 얼굴이 밝아지면서 "예, 그렇게 해야지요."라는 답변이 나왔습니다.

그래서 "신입직원이 앞으로 담당할 것인데 많이 가르쳐 주시고 도와주십시오."라고 거듭 부탁을 드렸습니다.

"예, 알겠습니다. 열심히 하시면 당연히 도와 드려야 지요."

"이렇게 과장님께서 넓은 마음으로 이해해주시고 도와주신다고 하니 너무 감사합니다."라고 얘기했습니다. 그러니 그 L 과장이 몸 둘 바를 몰라 하면서 미안해하는 것이었습니다.

회사 직원들은 '베테랑 직원도 사직서를 내고 J 과장도 손을 든 곳인데, 어떻게 신입직원이 쉽게 업무를 수행할 수 있을까?'라고 생각했습니다.

출처 : 포토뉴스

그래서 저는 신입직원인 S 직원에게 말했습니다.

"우리 인간이 살아가면서 많은 인연을 맺으면서 살아가게 된다.

그 인연에는 악연도 있고 선연도 있게 마련이다. 선연만 나에게 다가온다면 얼마나 좋을까만은 세상살이는 그렇지 않다는 것을 모두 잘 알고 있다. 오히려 악연들이 더 많이 다가온다. 그러나 그러한 악연을 선연으로 바꿀 수 있는 비법이 있다. 업무를 수행할 때도 마찬가지이다. 업무를 수행하는데 지식은 크게 없어도 된다. 이 세 마디만 하면 모든 사람이 나를 도와준다. 그것은 바로 '예 알겠습니다', '감사합니다', '죄송합니다'라는 세 마디다. 나에게 칼을 들고 죽이려고 오는 사람에게도 진심에 담긴 '죄송합니다'를 세 번만 한다면 상대는 칼을 버리고 오히려 미안해하고, 오히려 나를 도와주게 된다. 거래관계에서 만약 갑이 나쁜 감정을 갖고 칼자루를 쥐고 휘두르면, 을은 아무리 지식이 풍부한 사람이라도 그를 당해낼 수가 없다. 그러나 그것을 경력이 많은 직원도 수행하지 못하던 그 업무를 신입직원인 당신이 즐겁게 잘해나갈 수가 있을 것이다. 앞으로 L 과장을 자네의 스승으로 모셔라. 업무적으로도 스승이겠지만 화를 내면서 호통을 칠 때면 '저에게 가르침을 주시려고 하는구나'라고 생각하면서 받아들이면, 자네가 더욱 빨리 성장할 수 있을 것이다. 어떻게 해볼 수 있겠나?"

"예, 한번 해보겠습니다. 사장님 많은 가르침을 주셔서 감사합니다."

이렇게 해 그 힘든 업무를 서로 협조해가며 즐겁게 업무 마무리를 잘 할 수 있었습니다.

권역 갈등, 마을간 갈등을 해결하다

지역개발사업이라는 것은 국가에서 농촌 마을 몇 개를 묶어 권역 단위로 만들어 지역 발전을 위한 여러 가지 사업을 하는 것입니다. 우리 회사에서는 권역의 발전과 활성화를 시키기 위한 홍보, 마케팅, 컨설팅, 브랜드 개발, 교육, 견학 등의 업무를 수행하고 있었습니다.

많게는 100억 원, 적게는 수십억 원씩 지원받아 사업을 하는데 저희가 맡게 된 권역은 약 50억 원을 유치한 지역입니다.

출처 : freepik

네 개의 마을로 구성돼있는데 이 권역에서는 50억 원의 예산을 가져오면서 마을별로 10억 원씩 나눠 사업을 하고 있었습니다. 그때부터 마을별로 갈등이 생기기 시작했습니다.

점점 마을별 갈등이 증폭돼 회의를 하면 서로 고성이 오고 가며 싸우기 일쑤였습니다. 그러더니 결국은 네 개 마을이 두 개 부류로 나뉘어 편이 완전히 갈라져 버린 것입니다.

교육이나 견학을 위해 섭외하고 일정을 잡아서 진행하려니 두 개 마을만 참석하고 나머지 두 개 마을은 참석하지 않는 것입니다. 업무를 진행하려니 제대로 할 수가 없었습니다.

어렵게 짠 계획이 모두 수포가 되고 다시 또 계획을 잡아야 하는 어려움이 따르게 됐습니다. 결국은 공사감독으로부터 네 개 마을이 참석하지 않으면 모든 사업을 중지하라는 지시받았습니다. 또한 어떻게든 마을 간의 갈등을 풀어 볼 수 없겠느냐고 부탁받았습니다.

저는 일단 "한번 해 보겠습니다."라고 하고 제가 직접 4개 마을을 주중에도 방문하고 토요일, 일요일에도 방문해 마을별 리더들을 개별로 만나 각자 하는 얘기를 청취했습니다.

마을 추진위원들은 술을 좋아하시는 분이 많아서 함께 술도 몇 차에 걸쳐서 새벽까지 먹으면서 이야기를 들었습니다.

출처 : 똑소리 나는 노동법률 상담, 가을노동법률사무소

처음 마을에 방문하면 자기 마을 입장을 막 이야기하면서 상대 마을은 무슨 이야기를 하더냐고 저에게 묻습니다.

저는 "오늘 여러분의 이야기를 들으려고 왔습니다. 다른 마을의 이야기는 중요하지 않은 것 같습니다." 그리고는 다음과 같이 말을 했습니다.

"우리 권역이 이 사업을 하기 전에는 형님, 아우 하면서 잘 지내 왔습니다. 그런데 50억 원이라는 돈이 들어오면서 갈등이 심화해 이제는 오히려 예산을 가져온 것이 주민을 불행하게 만들었습니다"라고 말씀드렸습니다. 그래서 마을별 핵심 리더 3분씩 워크숍을 가자고 제안했습니다.

4개 마을 리더 모든 분이 동의해주었습니다. 이렇게 해서 동해로 1박 2일 워크숍을 가게 됐습니다. 워크숍 가는 당일 아침 일찍 버스를 마을에 대기 시켰습니다. 12월이라서 오시는 분들의 하시는 말씀이 "이 추운 겨울에 뭐 한다고…"하면서 언짢게 말을 하는 것입니다.

호텔에 도착해 제가 먼저 '권역 사업과 갈등관리'라는 주제로 강의했는데, 처음 강의를 시작할 때 참여하신 마을 리더분들의 모습은 팔짱을 끼고 뒤로 몸을 젖혀 물끄러미 쳐다보는 것이었습니다. 아마도 속으로 '당신이 뭘 아는데? 어디 한번 해봐라.' 하는 듯한 표정이었습니다.

주요 내용은 '화가 발생하지 않는 생활'과 인간은 누구나 자기만의 기준을 갖고 살아가다 보니 자기만 옳고 다른 사람은 틀렸다고 인식하는 내용으로 강의했습니다.

그리고 3장에 나오는 '남편·아내에게 질렸어요', '아이가 맞고 들어왔을 때 나오는 첫마디'와 함께 2시간가량 강의했습니다. 제 강의가 끝날 즈음 인각 큰스님을 초청해 법문을 들을 수 있게 했습니다.

큰 스님 법문 역시 공동체 사업에서 그 사업을 어떻게 바라봐야 하고, 어떻게 해나가는 것이 마을이 발전해나갈 수 있는지에 대한 법문을 들려주셨습니다.

출처 : 경주 석불사

스님 : “시계가 어느 쪽으로 돕니까?”

마을 리더 : “오른쪽으로 돕니다.”

스님 : “어떻게 시계가 오른쪽으로 돕니까? 왼쪽으로 돕니다.”

마을 리더 : “시계는 오른쪽으로 돌지 않아요?”

스님 : “시계 입장에서 보면 시계는 분명히 왼쪽으로 돌아가고 있습니다.”

마을 리더 : “아, 맞네요”

스님 : "우리는 늘 '내 입장에서만 바라보고 내가 보는 그것이 다 맞다'라고 생각하니 모든 게 거꾸로 가는 것입니다. 우리는 실체를 모르고 허상만 쫓아다니니 거꾸로 살 수밖에 없지요. 마을사업 역시 마찬가지입니다. 내 입장에서만 바라보고 요구하고 바랐지 상대의 마음을 읽으려고 한 분 계십니까?"

마을 리더 : "…."

출처 : freepik

이렇게 시계 법문을 들려주셨는데 다들 매우 공감하는 분위기였습니다. 그러한 워크숍 과정에서 많은 분이 마음을 열면서 함께 하나가 돼 서로 양보하면서 사업을 성공적으로 이끌어가야겠다는 의지를 보여주셨습니다.

저녁 먹는 자리에서는 모두가 하나가 돼 화기애애한 분위기로 정말 좋아졌습니다. 그 분위기를 이어 노래방까지 가서 그동안의 갈등이라는 스트레스를 전부 날려버렸던 것입니다.

또한 상부 기관 담당에게 간단하게 워크숍 진행 결과를 보고했더니 권역 분들 모시고 와달라는 것입니다. 열세 분이 회의실에 들어가서 워크숍 다녀온 소감을 한마디씩 하는 시간을 가졌습니다.

한 분, 한 분 하시는 말씀이 "오늘 이 자리를 만들어준 박 대표에게 정말 감사드립니다. 이제 앞으로 우리는 단합해 사업을 잘 진행 해나가겠습니다"라고 하시는 것이었습니다.

그러면서 공사 감독에게 그동안 하지 못했던 불만들을 토로하기 시작했습니다. 마을 간의 갈등이 해소되자 이제는 그동안 참고 있던 요구사항들이 막 쏟아져 나오는 것이었습니다.

가슴이 뭉클해지다

워크숍을 다녀온 후 얼마 뒤 추진위원회 개최를 위해 권역을 방문했습니다. 저희가 먼저 도착해 회의 준비를 하고 있는데 한 분씩 추진위원들이 들어오시는 겁니다. 예전 같으면 들어오실 때 그 표정들이 매우 심각하고 화가 가득 찬 얼굴로 들어섰는데 모두 웃으시면서 편안한 얼굴로 들어오시는 겁니다. 참 분위기가 좋아졌다는 것을 느꼈습니다.

열 몇 분이 오셨을 때입니다. 마을 추진위원분 중 칠순 정도 돼 보이는 한 분이 이야기하시는 것입니다.

"내 여담으로 얘기하는데…"라고 하시면서.

얼마 전에 주막에 있는데 어떤 중년 커플이 들어오더라는 겁니다. 남자는 바로 들어오는데 여성은 발을 멈칫하길래 '아! 내가 담배를 피우고 있어서 그런가 보다' 하면서 담배를 껐다고 합니다. 좀 있으니 여성분도 따라 들어왔다는 것입니다. 얘기를 들어보니 부부라는 겁니다. 그 부부의 얘기를 한참 들으면서 추진위원분이 다음과 같이 이야기한 것입니다.

"우리 인간이 살아가면서 부부간에 서로의 마음을 헤아릴 줄 모르니 소통이 제대로 안 됩니다. 서로 바라기만 하니 늘 싸울 수

밖에 없습니다"라는 얘기와 함께 "시계가 어느 쪽으로 돕니까?" 라는 큰 스님의 시계 법문을 들려주셨다는 겁니다.

그렇게 한참을 이야기하고 나니 그 부부가 나가면서 "정말 오늘 좋은 말씀 너무 잘 들었습니다"라고 하며 그분에게 2만 원을 주면서 "맥주라도 받아 잡수셔요" 하더라는 것입니다.

저는 이 이야기를 듣는 순간 가슴이 뭉클하게 올라오는 것을 느꼈습니다. 참으로 감동적이었습니다. '제가 강의할 때와 인각 큰 스님이 법문하실 때는 그렇게 강하게 부정하시던 분의 입에서 저런 법문이 나오는구나? 그리고 그것을 몸소 실천하시는구나'라는 생각에 너무 감사했습니다.

그리고는 보고회를 할 때 저는 공식적으로 그분께 부탁했습니다. 모든 분이 계시는 가운데 그 사례를 다시 한번 부탁드린다고 하니 기꺼이 일어서셔서 그 말씀을 다시 해주셨습니다. 그래서 저는 "이분이야말로 많은 사람을 행복하게 해드리는 행복 전도사입니다"라고 하면서 박수를 보내드렸습니다.

나아가 우리 권역 모든 분이 '화가 발생하지 않는 생활'을 통해 내 가정이 행복해지고, 우리 권역이 행복해지고, 나아가 이렇게 우리 권역을 방문하는 모든 분을 행복하게 해주는 권역으로 만들어가자고 제안했습니다.

그냥 단순히 숲 체험 프로그램이 아니라 마음을 치유하고 행복을 만들어가는 체험 프로그램으로 만들어가자고 했더니 모두 박수를 보내주셨습니다.

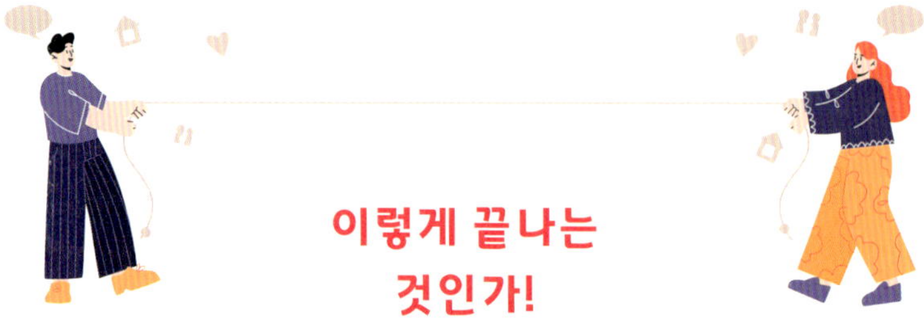

이렇게 끝나는 것인가!

22년의 역사가 무너지다

그렇게 스트레스를 받지 않으면서 회사를 운영하고 있었지만 기업을 경영하는 것이 결코 쉽지 않았습니다. 특히 지역개발사업은 매출 외형은 크지만 수익률이 낮은 반면, 인력난에 시달려 적자가 누적돼 가고 있었습니다. 2017년에는 공사감독의 갑질을 비롯한 여러 가지 문제가 겹치게 됐습니다.

그해 연초에 계약한 건에 대해서 선급금 50%를 받고, 사업이 종료되는 연말에 나머지 잔금 50%를 받는 구조인데 몇 개 지역에서 업무실행 자체를 하지 못하게 됐습니다. 결국 연말에 잔금을 받는 게 아니라 선급금을 반환해야 하는 사태가 몇 개 지역에서 일어난 것입니다. 그렇지 않아도 어려운 판국인데 선급금 반환까지 하라는 것입니다.

출처 : freepik

이제 더 이상 운영을 할 수 없을 정도로 어렵게 됐습니다. 회사 업무를 직접 담당하던 직원들도 그 어려움을 잘 알고 있었습니다. 저는 직원들을 모두 소집해 발표했습니다.

"여러분들도 잘 아시다시피 올해 매출 계약 건의 실행율이 너무 저조해 연초에 받았던 선급금을 반환하라는 요청이 들어왔습니다. 지금까지 어떻게든 헤쳐 나가려고 아파트도 보험금도 다 팔고 해약해서 회사에 투입했지만, 이제는 더 이상 버틸 힘이 없습니다. 그나마 연말에 준공한 매출 대금이 들어오니 직원 여러분들의 급여와 퇴직금은 모두 지급하겠습니다."

직원들은 어려운 것은 알고 있었지만 이런 지경까지 올 줄은 몰랐던 것입니다. 모두 침묵이 흘렀습니다. 그렇게 회사는 종착역에 가까워지고 있었습니다.

22년이나 된 중소기업이 공사감독의 갑질로 무너지게 된 것을 국민고충처리위원회에 제소했더니 조사를 하는데 3개 월정도 걸린다고 했습니다. "3개월이나 소요되면 회사는 부도나고 맙니다"라고 하니 담당관이 관계자들에게 전화했습니다. 결국 받은 답변은 법적으로 처리해야 하니 민사소송으로 가야 한다고 했습니다. 결국 고스란히 중단시켜야 했습니다. 저의 평생이라고 할 수 있는 22년이라는 긴 시간이 허무하게 무너지게 된 것입니다.

제가 만약에 '스트레스받지 않는 생활'을 실천하지 않았더라면 그 억울함과 분노 때문에 도저히 견딜 수가 없어 아마도 극단적인 선택을 했을지도 모를 일입니다.

그러나 저는 회사를 정리하면서도 마음을 담담하게 했습니다. '이 역시 내가 받아야 할 업보라면 달게 받겠습니다. 죽으라면 죽겠습니다'라는 마음을 가지니 분노가 일어나지 않고 차분하게 정리를 할 수 있었습니다.

다행히도 연말이라서 업무를 마감하고 들어온 매출금으로 직원들 급여와 퇴직금을 모두 지급할 수 있었습니다. 그러나 협력 업체에는 대금을 전부 지급할 수 있는 상황이 아니어서 일일이 방문해 "제가 이렇게 돼 무너지게 됐습니다"라고 상세하게 설명해 드렸습니다.

그러면서 "거래금액을 전부 다 주지 못해서 죄송합니다. 전체금액에서 일부분만 드릴 수밖에 없습니다"라고 양해를 구했습니다. 그랬더니 오히려 저를 걱정해 주시는 분들도 있었습니다. 지금 그 나이면 "자식 혼사도 있을 텐데 건강 잘 챙기세요"라고 하면서 위로해 주는 것이었습니다.

일반적으로 사업을 하다가 부도가 나면 연락을 끊고 피하는 경우가 많은데, 저는 담담하게 사실 그대로 사정을 이야기하며 양해를 구하고 사죄를 구했습니다.

의식주 세 가지만 해결하면 된다

대게 운영하는 회사가 부도가 나면 대표는 도망을 가든지 피신하는 경우가 많습니다. 또한 회사를 정리하면서 분노와 억울함으로 스트레스를 많이 받게 됩니다. 그로 인해 우울증에 걸리기도 하고 대인 기피증에 걸리기도 합니다. 그러다가 극단적인 선택을 하는 일도 있습니다.

그러나 저는 무엇을 하든지 우리 가족의 의·식·주 세 가지 문제는 해결할 수 있다는 마음이었습니다.

출처 : freepik

빨간딱지 붙던 날 아내는 하염없이 울었습니다

이렇게 평생을 해오던 사업체가 무너지고 가산이 풍비박산이 났으니 아내 입장은 너무나도 어처구니없고 힘이 들 수밖에 없었을 것입니다.

저의 아내는 참으로 알뜰한 사람입니다. 예전에 공단에서 지인과 함께 구내식당을 5년간 운영했는데 그때 돈도 많이 벌었습니다. 그런 돈까지 회사경영이 어려워지자 모두 차입했던 것입니다.

어느 날 아내와 외출하고 집에 들어오니 가재도구에 빨간딱지가 붙어있는 것입니다. 그 장면을 본 아내는 너무 놀랐고 하염없이 울었습니다. 정말 아내에게 미안했습니다.

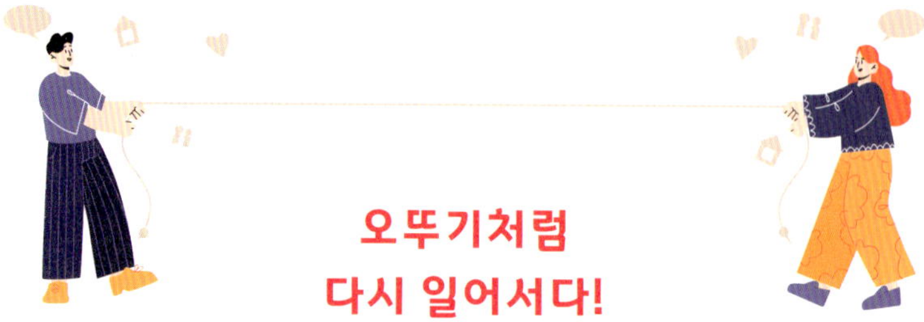

오뚜기처럼 다시 일어서다!

아버지! 22년 된 아이디어그룹이 너무 아깝습니다

저는 이렇게 22년 된 회사를 정리하고 모든 것을 내려놓고 집에 허망하게 있었습니다. 어느 날 회사에서 디자인실을 총괄하고 있던 큰딸대학교 디자인학과 겸임교수로 재직 중이 저에게 "아버지 22년 된 아이디어그룹이 너무 아깝습니다. 저 앞으로 사업자등록증을 내어볼까요?"라고 하는 것이었습니다.

"아! 그래? 어떻게 될지 모르겠지만 일단 사업자등록증은 내어보자"라고 하고 법인 아이디어그룹은 폐업한 상태이고 개인 아이디어그룹 사업자등록증을 내게 됐습니다. 그러면서 기존에 하던 디자인 업무를 그대로 진행하고 지역개발 사업은 포기했습니다.

반면 기념품 쇼핑몰을 새롭게 구축해 주변 사람들에게 이 사실을 알렸습니다. 사실 제가 새롭게 재기를 하는 데에는 우리 큰 딸의 역할이 매우 컸습니다. 이 자리를 빌려 감사한 마음을 전합니다.

그 후에 주변 지인들에게도 전화해서 "여차여차해서 제가 무너지게 됐고, 이렇게 다시 재기하기 시작했습니다"라고 알렸더니 정말 많은 분이 도와주시는 것이었습니다.

특히 추석을 얼마 앞두고 기념품 쇼핑몰을 오픈하고 주변 지인들에게 전화했습니다. 이미 그분의 회사에서 추석 선물 구매와 관련해 내부 결재가 났는데도 불구하고 취소시키고 저희의 제품을 구매해 주시는 경우도 있었습니다. 참 감사한 일이었습니다.

"아 이렇게 재기를 하면 되겠구나"하는 자신감이 생기게 됐습니다. 그동안 제가 '잘못 살아오지는 않았구나' 하는 생각이 들었습니다. 모두 '스트레스받지 않는 생활', '화가 발생하지 않는 생활'을 실천한 덕분이었습니다.

'만약 과거처럼 어깨에 힘을 주고 다녔더라면 과연 많은 분이 만나주시고 도와주셨을까?'하는 생각이 들었습니다.

나는 매미다, 너는 뭐고?

그렇게 회사가 무너지고 재기하던 그해 연말이었습니다. 제가 오랫동안 해오던 CEO 모임에서 송년회가 있어서 참석했습니다. 조금 늦게 장소에 도착했는데 모두 좀 놀라는 표정이었습니다. 나중에 들어보니 "박 대표가 잘못됐다는데 오늘 오겠습니까?"라고 누가 말하니 "에이 어떻게 오겠어요?"라는 이야기를 하고 있는데 제가 들어간 것이었습니다.

그리고 제가 취급하는 기념품을 하나씩 선물로 드렸는데 그 즉석에서 회사 직원들에게 선물로 돌리겠다며 몇백 개씩 주문하는 것이었습니다. 참 감사한 일이었습니다.

저녁 자리를 마무리하고 신임 회장과 몇 분이 2차 자리했습니다. 그 신임 회장도 수년 전에 사업을 크게 하다가 부도가 나서 어려움을 겪었던 분입니다. 그 회장이 저에게 하는 말이 "나는 매미이다. 그런데 박 사장 너는 무엇이야?"하는 것입니다.

제가 "그게 무슨 말씀이세요?"라고 하니 자신은 회사가 부도나고 난 뒤에 7년을 매미의 애벌레인 굼벵이같이 은둔생활을 하다가 이제 세상에 나왔다는 것입니다.

사실 기업을 하던 사람이 그것도 오랫동안 해오던 사람이 부도가 난 뒤에 재기하는 것이 쉽지 않은 일입니다. 마음에 상처와 분노와 무력감과 좌절과 엄청난 정신적인 고통이 따르기 때문에 사람들을 만난다는 게 매우 어렵습니다. 자신이 주눅들 게 되면 외부와 소통 자체가 어렵게 됩니다. 그래서 신임 회장은 매미같이 땅속에 은둔하고 있다가 이제 세상에 나왔다고 말하는 것 같았습니다.

저는 무너지고 난 뒤에 6개월도 되지 않아 다시 활동을 재기했던 것입니다. 부도나는 과정과 부도 난 뒤에 그리고 재기하는 과정에서도 그저 담담하게 했을 뿐이었습니다.

행복을 전파하는 행복 전도사가 되다

이렇게 디자인 업무와 기념품 업무 중심으로 재기하는 과정에서 그동안 블로그 활동도 꾸준히 했고 관계를 지속적으로 해나간 덕분에 여기저기서 강의 요청이 들어오는 것이었습니다.

출처 : 행복을 찾은사람들 운동본부

특히 '중년에도 신혼처럼 살아가는 법'과 '스트레스받지 않는 생활 실천 방법', '조직 내 소통과 갈등관리', '행복한 직장생활 조직생활 방법', '기업 가치관 경영 워크샵', '무 스트레스 삶', '지친 CEO를 위한 스트레스 해소와 힐링 법' 등의 주제로 강의를 많이 다니게 됐습니다.

또한 농촌 마을 종합개발사업에서 마을 간·지역 간 갈등이 많이 일어나는데 그러한 마을 리더 갈등관리·갈등 해소 관련 강의 요청도 많이 들어왔습니다.

제가 강의할 때는 청중들의 몰입도가 매우 높습니다. 일방적인 강의가 아니라 청중들에게 질문을 통해 함께 호흡하면서 강의하고 사례 중심으로 합니다.

강의 시간 내내 매우 즐거워하고 재미있어하며 강의에 빠져들어가게 만듭니다. 이러한 강의 내용과 실천 사례를 토대로 '남편·아내에게 질렸어요! 중년에도 신혼처럼 사는 법'이라는 도서를 출간하게 됐습니다.

그야말로 다시 살아난 행복 전도사가 된 것입니다. 그동안 제가 실천해오던 '스트레스 받지 않는 생활'과 '중년에도 신혼처럼 행복한 부부생활을 할 수 있는 법'을 많은 사람에게 알려서 세상 사람들이 행복한 삶을 누릴 수 있으면 좋겠다는 바람입니다.

우리 부부는 중년에도 신혼처럼 살고 있다.

Part 2

신비로운 너의 모습에서 결혼 지옥으로

하버드대학교의 75년간 행복에 대한 추적연구결과 "무엇이 우리인간을 건강하고 행복하게 오래 살게 만드는 것인지"에 대해 살펴봅니다. 행복은 부와 명예가 아니라 좋은 관계에서 온다는 것을 확인하고도 좋은 관계를 맺는다는 것은 골치 아픈일이라고 해답을 제시 못합니다. 그리고 결혼 할 때에는 평생을 행복하게 살거라고 다짐을 하고 출발했으나 '음소거부부' 등 결혼지옥으로 고통 받는 사례를 보았습니다.

하버드대학교
75년간 행복에 대한
추적 연구 결과

우리 인간이 살아가는 궁극적인 목적은 '행복'일 것입니다.

행복에 대해서 하버드대학 성인발달연구소Harvard Study of Adult Development에서 75년간 추적 연구한 결과를 보면 다음과 같습니다.

2015년 미국 보스턴에서 열린 테드X 비콘 스트리트TedX Beacon Street : 혁신적인 아이디어를 발표하는 세계적인 강연회 산하에 있는 북미 지역 콘퍼런스 강연에서 4번째 총책임자인 미국 하버드대학교 의과대학 정신과 교수 로버트 월딩거가 강연했습니다.

QR코드를 휴대폰으로 촬영하시면 동영상을 볼 수 있습니다.

출처 : 스터디언 'TED [로버트 월딩거] 75년 연구 끝에 발견한 좋은 삶을 만드는 방법
https://www.youtube.com/watch?v=M9aGBM7TUFI

미국 밀레니얼 세대1980년~2000년 태어난 세대에게 설문 조사한 결과 80%가 넘는 이들이 '인생에서 가장 중요한 목표는 부자가 되는 것'이라고 했습니다. 즉 대다수 사람은 부와 명예를 얻으면 행복할 것으로 생각하고 있습니다. 진정 무엇이 좋은 삶을 만들고 우리를 건강하고 행복하게 만드는 것은 무엇일까요?

만약 우리가 인생 전체를 한꺼번에 펼쳐볼 수 있다면 어떨까요? 사람들의 10대 시절부터 노년까지 온전히 연구해서 무엇이 사람들을 행복하고 건강하게 하는지 볼 수 있다면 어떨까요? 하버드대학교 성인발달연구는 역대 최장기간에 걸친 인생 연구일 것입니다. 이 연구는 1938년부터 75년간 남성 724명의 인생을 추적해왔습니다.

첫 번째 집단은 하버드 학생들이었고, 두 번째 집단은 불우한 가정 출신인 보스턴 빈민가 아이들이었습니다. 연구가 시작됐을 때 연구대상자 모두가 면접을 봤고, 의료검진을 받았으며, 연구자들이 그들의 가정을 방문해 부모님을 인터뷰하기도 했습니다.

연구 시작 후에는 2년마다 방문 조사를 진행했으며 조사는 참가자의 직업, 건강, 결혼과 가정생활, 사회적 성취, 친구 관계 등 삶의 전반에 걸쳐 이뤄졌습니다. 그들의 자녀와 이야기를 나누고, 아내와 심각한 고민을 얘기하는 그들의 모습을 촬영하기도 했습니다. 물론 뇌 스캔과 피검사 같은 건강검진도 진행했습니다.

수세대에 걸친 연구로 724명 중 60여 명이 생존해 있으며 연구에 참여하고 있는데 90대입니다. 현재 2,000명이 넘는 자손들을 연구하고 있습니다.

하버드대학 성인발달연구소 4번째 총괄책임자 로버트 월딩거는 75년이라는 오랜 세월 동안 추적 연구 끝에 '행복'과 '만족감'에 관한 데이터를 분석한 결과를 토대로 설명했습니다.

인생에서 행복을 결정하는 중요한 요소는 '관계Relationship'라고 말합니다. 이 연구는 관계에 대해 세 가지의 시사점을 알려주고 있습니다.

첫째, '사회적 연결'은 매우 유익했지만 '고독'은 해롭다는 것입니다. 연구 결과 가족·친구·공동체와의 사회적 연결이 긴밀할수록 더 행복하고 신체적으로도 건강하며 더 오래 사는 것으로 나타났습니다. 긴밀한 사회적 연결이 부족한 사람들보다 말이죠.

또한 고독은 매우 유해 한 것으로 드러났습니다. 다른 이들로부터 자신이 원하는 것 이상으로 고립된 사람들은 행복감을 덜 느낄 뿐만 아니라 중년기에 건강이 더 빨리 악화되고 뇌 기능이 일찍 저하되며 외롭지 않은 사람들보다 수명이 짧습니다.

둘째, 관계에서 친구의 수는 중요하지 않으며 '관계의 질'이 중요하다는 점입니다. 친구가 얼마나 많은가, 안정적이고 공인된 관계를 가졌는지 보다는 관계의 질이 중요하다는 것입니다. 이에 대한 근거로 친구가 많더라도 갈등과 싸움이 잦다면 건강에 매우 해로운 것으로 밝혀졌습니다.

예를 들면 애정 없이 갈등만 잦은 결혼은 이혼보다 더 건강에 해로울 수 있다고 나타났습니다. 반면 바람직하고 따뜻한 관계는 건강을 지켜줍니다. 50대에 관계에 대한 만족도가 가장 높았던 사람들이 80세에도 가장 건강했습니다.

연구 대상 중 배우자 만족도가 가장 높았던 남녀를 대상으로 80대에 진행한 설문에서 '신체적인 고통이 심한 날에도 마음은 행복하다'라고 답했습니다. 반면 불행한 관계를 맺고 있던 사람들은 '신체적인 고통이 심한 날에는 그 고통이 감정적인 고통으로 더욱 극대화된다'라고 답했습니다.

세 번째 교훈은 좋은 관계는 '우리의 몸뿐만 아니라 뇌도 보호해 준다'라는 것입니다. 연구 결과에 따르면 애착으로 단단히 연결된 관계를 맺은 80대는 그렇지 않은 80대보다 더 건강하며, 관계를 맺고 있는 상대방이 자신들이 힘들 때면 의지가 돼 줄 거라고 여기는 사람들은 그렇지 않은 사람들보다 기억력이 더 선명하고 오래 간다고 합니다.

반면 관계를 맺고 있는 상대방이 의지가 되지 않는다고 느끼는 사람들은 기억력 감퇴 속도가 빨랐던 것입니다.

하버드대학 연구 결과를 보면 우리를 행복하고 건강하게 만드는 것은 '부나 명예가 아니라 좋은 관계이다'라고 결론을 맺고 있습니다. 즉 다른 사람들과 좋은 관계를 맺은 사람들이 가장 행복한 사람들이었고, 제일 건강하고 오래 살았다는 것을 입증한 것입니다.

인간관계는 복잡하고 머리 아픈 일이다

로버트 월딩거의 강연 말미를 보면 다음과 같은 말이 나옵니다. "친밀하고 좋은 관계가 건강과 행복에 이롭다는 메시지는 옛날부터 내려오던 지혜입니다. 즉 누구나 다 아는 내용입니다. 그런데 왜 이렇게 깨닫기 어렵고 잊어버리기 쉬울까요?"라며 로버트 월딩거가 질문을 던지며 다음과 같은 답을 내놓았습니다.

"관계 맺기란 골치 아프고 복잡합니다. 그리고 가족과 친구를 열심히 챙기는 건 매력적이거나 멋진 일도 아닙니다. 게다가 이건 평생 계속되고 끝이 없습니다"라고 결론을 맺습니다.

"누구나 하나씩 갖고 있는 가족 간의 불화는 그로 인해 한을 품은 사람들에게 커다란 손실을 입히게 마련이니까요"라고 하면서 미국의 유명한 소설가 〈톰 소녀의 모험〉의 작가 마크 트웨인의 말을 인용하며 강연을 마무리합니다.

마크 트웨인은 그의 삶을 되돌아보며 **"인생은 짧기에 다투고 사과하고 가슴앓이하고 해명을 요구할 시간이 없다. 오직 사랑할 시간만 있을 뿐이며 그것은 말하자면 한순간입니다"**라고 했습니다.

결국 어떻게 하면 좋은 관계를 맺을 수 있는지에 대한 가장 중요한 답은 하지 못하고 있습니다.

출처 : freepik

"인생이 짧으니 사랑하라"라고 만 말하고 있습니다. 그런데 자신과 가까운 사람 중에는 보기 싫고 미움이 커져 원수가 돼 있는데, 그 미운 마음을 어떻게 하면 없앨 수 있을까에 대한 답이 있어야 합니다. 그래야만 좋은 관계를 맺을 수 있게 됩니다.

지금부터 행복을 찾은 사람들 운동본부에서 좋은 관계를 맺기가 왜 그렇게 어려운 일인지를 알아보겠습니다.

신비로운
너의 모습,
어둠 속의 빛처럼

우리가 결혼하기 전으로 회상해 보겠습니다. 나의 아내, 나의 남편을 처음 만나 사귈 때의 감정은 어떠했었습니까? 가슴 두근거리고, 마음은 설레고, 너무나 보고 싶었을 겁니다. 밤새 사랑의 편지도 쓰고 찢고를 했을 것입니다.

이러한 마음을 잘 나타내는 노래가 바로 '나에게로의 초대'입니다. 가수 정경화가 1996년에 발표한 노래인데 KBS 드라마 '신사와 아가씨'의 OST 버전으로 리메이크됐으며 최근에 TV조선에서 '화요일은 밤이 좋아'에서 미스트롯의 주인공인 다현, 태현 그리고 신영숙이 함께 불러 상당히 인기를 끈 노래입니다.

QR코드를 휴대폰으로 촬영하시면 동영상을 볼 수 있습니다.

출처 : 미스&미스터트롯, 김다현&김태연&신영숙 - 나에게로의 초대
♥화요일은 밤이 좋아 4화♥ TV CHOSUN 211228 방송
https://www.youtube.com/watch?v=bc5elz_r6SU

노래 가사를 보면 다음과 같습니다.

〈나에게로의 초대〉

작사 김형수 작곡 이태섭

환상 속에 있어 다가설 수 없는
나에게 너를 보여줘
조금만 다가서도 멀어지는
나의 사랑, 나의 꿈

너에게 나를 맞춰가고 있다 말하지 마
나에게 너를 초대할 뿐이야.

신비로운 너의 모습 나에게는 사랑인걸
조금씩 다가오는 널 느낄수록
신비로운 너의 모습 나에게는 사랑인걸
조금씩 멈춰지는 시간 속에 널

어둠 속의 빛처럼 My love
다가설 수 없는 너를 내게 보여줘
어둠 속의 한 줄기 빛처럼 느껴 My love
사랑하는 너를 모두 느낄 수 있어
어둠 속의 빛처럼
너에게 나를 맞춰가고 있다 말하지 마
나에게 너를 초대할 뿐이야

이 노래 가사를 보면 누구나 다 자신이 결혼하기 전후에 배우자를 처음 만나 연애하던 시절이 떠오를 것입니다.

출처 : freepik

우리는 처음에 그렇게 애절하고 간절하게 나의 배우자를 만났고 사랑했습니다. 그리고 결혼에 골인 한 것입니다.

결혼 지옥,
'5년 음 소거 부부'

요즈음 MBC에서 방영하는 부부 갈등과 관련해서 인기를 얻고 있는 '오은영 리포트 결혼 지옥'이라는 프로그램이 있습니다. 이 프로그램에 나오는 5년째 문자 대화 '음 소거 부부' 사례가 나옵니다.

결혼한 지 10년 차 부부의 이야기인데 쌍둥이 아이를 두고 있습니다. 주말 오전에 아내는 거실에서 두 아이와 놀아주고 있고 남편은 침대에서 잠을 자고 있습니다. 아이들이 시끌벅적하게 놀면서 거실에 있던 화분을 넘어트리게 됩니다. 그러한 와중에도 남편은 혼자 침대에서 잠을 자고 있습니다. 한방에 싱글 침대가 양쪽에 각각 놓여있습니다. 그 장면을 보던 탤런트 '하하'가 "남편은 잠을 자는 척하는 거다"라고 합니다. 실제로 그런 것처럼 보입니다.

QR코드를 휴대폰으로 촬영하시면 동영상을 볼 수 있습니다.

출처 : 엠뚜루마뚜루 MBC 공식 종합 채널, [오은영 리포트 결혼 지옥] 5년째 대화 없는 음 소거 부부 불편한 진심 말로 표현하기 - 오은영 박사 상담 Full Ver. https://www.youtube.com/watch?v=twMKVkyVG7o&t=147s

이어서 아내가 남편에게 문자를 보냅니다. 아마도 일어나라는 메시지인 것 같습니다. 한집에 있으면서 의사소통을 문자로 주고받고 있는 모습입니다.

문자를 확인한 남편은 일어나 거실로 나옵니다. 그러나 두 사람은 서로 쳐다보지도 않고 없는 사람으로 취급하며 아내는 설거지하고 있고, 남편은 부엌으로 와서 냉수를 마십니다. 아내의 얼굴에는 화가 나 있는 냉랭한 모습입니다.

남편은 아이들과 놀다가 아이들에게 제안합니다. "오늘 아빠하고 같이 세차하고 집에 와서 영화 보자"라는 말을 합니다.

그 말을 들은 아내는 갑자기 화가 잔뜩 난 얼굴로 방으로 들어가서는 혼잣말로 “세차하러 간다고 갑자기 지가? 갑자기 왜? 지가 언제부터 세차를 알아서 했다고 아 짜증 나!”라고 하면서 화를 냅니다.

“진작 저렇게 했으면 내가 상담 신청을 안 했겠지. 어이가 없으려니, 나만 나쁜 사람 되겠네! 자기가 언제부터 저랬다고 아우 짜증 나!”라고 하면서 거실에서도 다 들릴 정도로 화를 냅니다.

음 소거 부부는 아이들을 영어 학원 보내는 문제로 부부싸움을 하는 것입니다. 이 부부는 결혼한 지 10년 차입니다. 이 앞의 방영분을 보면 결혼사진이 나옵니다. 웨딩마치를 울리면서 세상을 다 가진 듯 행복한 모습으로 행진하고 가정을 이뤘습니다.

결혼 5년간 쌍둥이 아이를 놓고 서로 대화도 하면서 그럭저럭 살아오다가 다툼이 심해지면서 서서히 부부간의 갈등이 커지게 된 것입니다. 결국 결혼 6년 차부터는 서로 대화 없이 문자로만 용건만 서로 주고받는 사이가 돼버린 것입니다.

나에게로의 초대 노래에서 나오듯이 가슴 설레며 이 세상을 다 갖다줄 것처럼 서로 사랑해서 결혼했는데 5년을 못 가서 원수가 돼버린 것입니다. 자녀가 없다면 벌써 이혼했을 수도 있을 것입니다.

이러한 사례가 이 부부에게만 해당하는 것은 아닐 것입니다. 정도의 차이는 있겠지만 대부분 부부가 겪는 문제입니다.

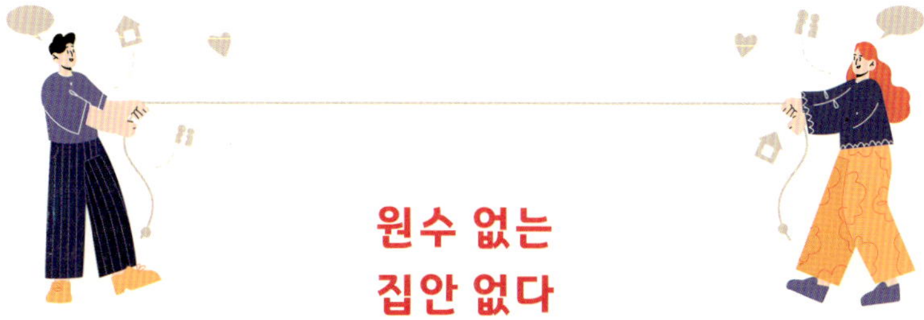

원수 없는 집안 없다

하버드대학교 총괄책임자 로버트 월딩거도 말했듯이 우리 주변을 둘러보면 원수 없는 집안이 없습니다. 집안의 대소사에 참석하지도 않고, 서로 연락을 끊고 살아가는 분들이 꼭 있습니다.

동서양을 막론하고 다 원수를 만들어놓고 살아가고 있습니다. 또한 평소에 잘 지내는 관계였지만 무엇인가 서운한 감정이 차곡차곡 쌓이게 되는 어느 날, 아무것도 아닌 사소한 것에 감정이 확 일어나 상대방과 원수가 돼버리게 됩니다.

출처 : freepik

과거 산업화가 이뤄지기 전 공동체 사회에서는 그나마 참고 견디는 경우가 많았습니다. 핵가족화, 산업화로 인한 물질만능주의와 이기적인 문화로 인해 내 감정과 맞지 않을 때는 쉽게 단절해버립니다.

부부싸움은 칼로 물 베기?

'부부싸움은 칼로 물 베기'라는 옛날부터 내려오는 속담이 있습니다. 그런데 정말 물 베기일까요? 물을 칼로 베면 흔적이 남지 않습니다. 그러면 부부싸움도 자국과 흔적이 없을까요?

아닙니다. 부부싸움으로 쌓인 감정들은 잊지 않고 기억 속에 차곡차곡 쌓아놓고 살아갑니다. 그러다가 순간적으로 흥분하게 되고, 극도로 화가 치밀어 올라오게 되면 폭발하고 마는 게 인간입니다.

그 정도는 아닐지라도 부부싸움이 잦아지면 점점 남편·아내이 미워지기 시작합니다. 그 미움이 점점 더 커지면 화를 참기가 어려워지고, 배우자의 목소리조차 듣기 싫어집니다.

그러는 과정에서 "성격이 안 맞다.", "당신한테 질렸다.", "당신을 만난 것을 후회한다."

배우자가 가장 듣기 싫어하는 소리만 골라서 고래고래 고함을 지르게 됩니다. 싫은 이유를 만들어 갑니다. 결국 서로에게 상처만 주게 됩니다. '입'이라는 칼로 서로의 마음을 만신창이가 되도록 베는 것입니다. 그게 한계점을 넘으면 '이혼'까지 하게 됩니다.

그런데 한번 생각해 봅시다. 이러한 과정을 지켜보는 자녀들의 마음은 어떨까요? 부부싸움 과정에서의 고성과 욕설, 나아가 폭력 등을 지켜보는 자녀는 정말 '공포' 그 자체입니다.

그리고 부부싸움을 한 후 흐르는 집안의 냉기는 그야말로 고통스러운 지옥과 같습니다. 부부싸움의 후유증이 클 경우, 몇 달간 서로 말을 하지 않는 경우도 많습니다.

오은영의 '결혼 지옥'에 나온 부부의 경우는 5년간 겉으로 보기에는 정상적인 생활을 하지만, 5년 동안 말을 하지 않는 음 소거 부부가 된 것 아닙니까?

출처 : freepik

멀리 갈 것도 없이 제 주변에도 수십 년간 서로 말을 하지 않고 사는 부부도 있습니다. 그러니 자녀들이 마음 둘 곳 없이 두려움과 불안함으로 고통을 내려받는 것입니다. 이러한 어려움을 극복하지 못하면 결국 일탈하게 될 가능성이 커지게 됩니다. 그리고 그러한 경험들이 뇌리에 잠재돼있어 본인이 성인이 되면 자신도 모르게 그 행동들을 따라 하게 될 것입니다.

예전에 제가 경험한 일입니다.

우리 집으로 이웃 신혼부부가 한 번씩 놀러 오곤 했었습니다. 신혼부부이니 참 아름답게 보였습니다. 그런데 어느 날 우리 집에 와서 둘이서 다툼이 일어난 것입니다. 심하게 다투며 돌아가더니 며칠 후 우리 집에 와서 "우리 이혼합니다"라며 마지막 인사를 하고 갔습니다.

감정이 서로에게 극에 달하면
"됐나?"
"됐다!"
결국, 이혼으로 가는 사례를 보았습니다.

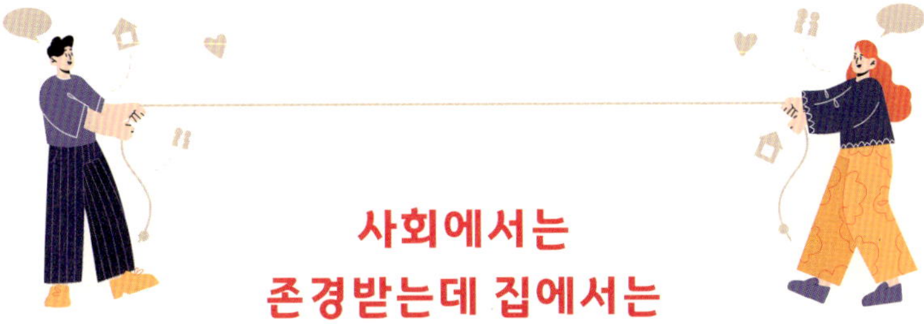

사회에서는 존경받는데 집에서는 발밑에 동생

제가 아는 큰 기업의 회장님은 인품이 훌륭하고 경영도 성공적으로 잘하시는 분입니다. 많은 분의 존경을 받고 계시는 분입니다. 그런데 그 회장님은 집에만 가면 자신이 쪼그라든다고 했습니다. 즉 그 회장님의 아내는 남편이 사회에서 많은 분이 존경하고 우러러보는 것을 모르는 것입니다. 알아도 인정하기 싫을 것입니다. 자기 기준으로 바라보니 남편은 늘 마음에 차지 않았던 것입니다.

그렇게 밖에서는 훌륭한 분이지만 남편을 자기 기준으로 바라볼 때 맞는 구석이 별로 없는 것입니다. 그러니 하는 행동마다 "틀렸소, 틀렸소" 하는 것입니다. 이렇게 집에서는 인정받지 못하고 발밑에 동생 취급받는다는 것입니다.

20년 차 이상 부부 이혼 크게 늘었다

'20년 차 이상 부부 이혼 크게 늘었다.… 4년 차 이하 첫 추월'

지난해 결혼생활 20년 이상 된 부부의 이혼 건수가 처음으로 4년 이하 부부를 추월했습니다. 혼인 지속 기간이 20년 이상인 부부가 전체 이혼 건수(26.4%)에서 차지하는 비중은 많이 늘어났습니다. 2011년에는 결혼 4년 차 이하(3만 700건) 비중이 20년 차 이상(2만 8,300명)보다 훨씬 많았으나, 2012년에는 20년 차 이상(3만 200건)이 4년 차 이하(2만 8,200건)보다 많아졌습니다. 특히 30년 이상 함께 지낸 부부의 황혼 이혼은 8,600건으로 전년 대비 8.8%나 증가했습니다.

〈한국일보 조철환 기자 chcho@hk.co.kr
입력시간 : 2013. 04. 23. 20:51:47〉

며칠 전 통계청의 발표에 의하면 결혼 4년 차 이하 부부의 이혼율은 꾸준하게 감소한 반면, 20년 이상 부부의 이혼율이 지속적으로 증가해 역전 현상이 나타났습니다. 특히 황혼 이혼은 전년 대비 8.8%나 증가하고 있습니다.

출처 : freepik

신혼부부들의 이혼율은 떨어지고 이제 자식이 성인이 된 시점에서 이혼이 증가하고 있는 현상이 왜 일어날까요?

각자 다른 환경에서 성장한 두 사람이 만나 결혼을 했고 각자의 기준으로 상대에게 바라기만 하니 다툼과 갈등이 끊임없이 일어났습니다. 그러나 자식에 대한 애착을 버리지 못해 참고 살아오다가 이제 자식이 성인이 됐고 그동안 참고 있던 분노가 터져버린 것입니다.

출처 : 행복을 찾은 사람들 운동본부 2013년 4월 25일

우리나라 갈등비용 얼마일까?

지인의 부친상 문상 갔다가 대구상공회의소 전 회장님과 말씀을 나눌 기회가 있었습니다.

저는 "'화가 발생하지 않는 생활'을 실천을 한 지가 168일째이며 이것을 시민운동으로 전개해나가고 있다"라고 하니 회장님께서 말씀하시길 "삼성경제연구소에서 우리나라의 갈등비용을 연구했는데 얼마이겠느냐?" 하시는 것이었습니다.

"수십조 되지 않겠습니까?"라고 답하니, 회장님께서는 "우리나라 GDP의 27%나 된다."라고 하시는 것이었습니다.

2010년 GDP가 1,172조 원이니 무려 316조 원이나 되는 것입니다.

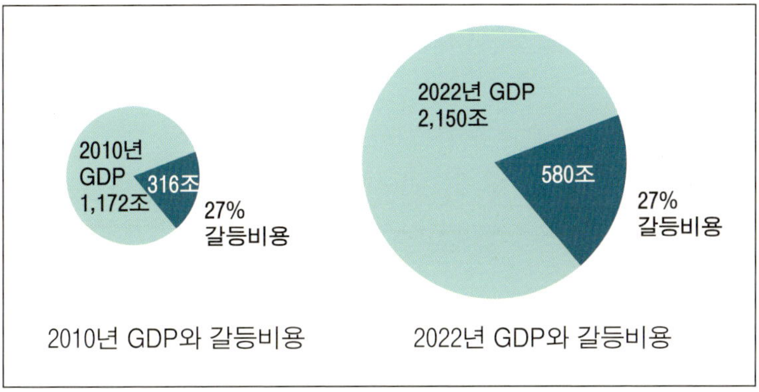

2010년, 2022년 우리나라 GDP와 갈등비용 비교
출처 : 삼성경제연구소, 한국의 사회갈등과 경제적 비용
행복을 찾은 사람들 운동본부 2009년 6월 24일

같은 비율로 계산을 해 보면 2022년의 우리나라 GDP가 2,150조 원인데 여기에 27%는 580조 원이나 됩니다. 2023년 국가 예산이 638조 원 정도 된다고 볼 때 우리나라 한 해 예산의 약 90%가 됩니다. 해마다 갈등이 증가추세인 것을 감안한다면 갈등비용은 이것보다 더 많을 것입니다.

우리가 화를 내지 않는 생활을 한다면 국민의 행복 지수가 높아질 것이고 우리나라 한 해 예산과 맞먹는 수출을 하는 것과 똑같은 효과를 거두는 것입니다.

우리 인간은 정말 불행한 존재이다

앞에서 이야기한 '오은영 리포트 결혼 지옥'에 나오는 그 부부의 결혼사진을 보면 누구보다 다정하고 사랑했던 두 사람입니다. 그들은 10년 차 부부인데 결혼생활 10년 중 5년 동안 문자로 대화를 주고받는 '음 소거 부부'가 돼 TV 상담 프로그램에 나온 것입니다. 그야말로 결혼 지옥이 아닐 수 없습니다.

이 문제가 이들만의 문제일까요? 아닙니다. 정도의 차이는 있겠지만 우리 인간의 공통된 문제입니다.

제가 강의할 때 "세상에서 화를 가장 많이 낼 사람을 찾아서 결혼했어요?"라고 질문을 던지면 모두 "아니요!"라고 답합니다.

그럼 "왜 그렇게 됐어요?"라고 질문하면 "살아보니 달라도 너무 다르다.", "편하니까, 가까이 있으니까" 등의 답을 합니다. 그렇게 보고 싶고 설레고 해서 결혼했는데 막상 살아보니 영 딴사람이더라는 것입니다.

그런데 '편하고 가까이 있어서'라면 그렇게 화를 내고 짜증 낼 때, 나도 행복해지고 상대도 행복해지면 얼마나 좋을까요? 그런데 정작 서로에게 상처를 주고, 더 큰 상처를 주고, 더 악화하면 각방을 쓰고, 문자로 소통하고, 졸혼하고, 이혼하고, 나아가 살인까지 하는 경우도 발생합니다.

이 얼마나 서로가 서로에게 불행한 존재입니까? 다음 3장에서는 좋은 관계를 어떻게 만들어 갈 수 있는지를 살펴보겠습니다.

Part 3

갈등의 원인과 좋은 관계를 만드는 법

우리 인간이 화가 나는 이유 갈등이 일어날 수 밖에 없는 이유들을 애니어그램 성격 유형을 통해 살펴보았습니다. 특히 결혼 전의 배우자와 결혼 후의 배우자가 달라지는지 원인을 알아보았습니다. 그리고 어떻게 하면 좋은 관계를 맺을 수 있는지 그 원리와 방법을 제시하였습니다.

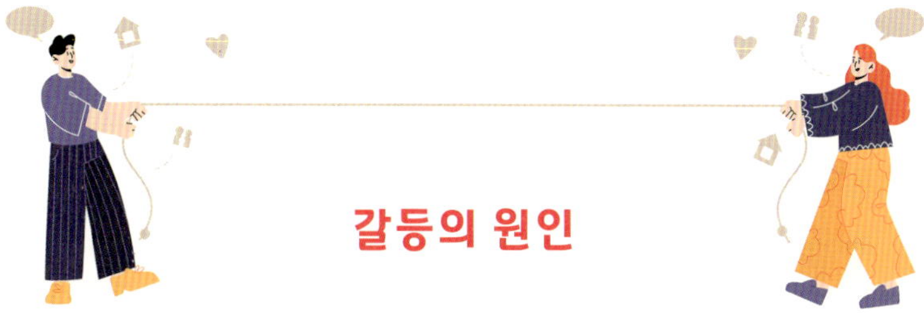

갈등의 원인

화·갈등 필연적이다?

우리는 살아가면서 화를 낼 수밖에 없습니다. 하루에도 여러 번 짜증이 나고 화를 내게 됩니다. 또한 화로 인해 인간관계에서 갈등이 일어날 수밖에 없습니다. 화·감정·갈등으로는 좋은 관계를 만들 수 없습니다. 이렇게 되면 결국 우리의 삶은 스트레스의 연속입니다.

이렇게 화가 발생하고 갈등을 유발하는 원인을 찾아 그 원인을 제거한다면 스트레스 받을 일이 없어지게 될 것입니다.

출처 : freepik

특히 부부간의 싸움은 필연적입니다. 그런데 부부싸움을 안 하고 연애할 때처럼 행복하게 살아가는 방법은 없을까요? 왜 우리는 연애할 때는 상대에게 그렇게 잘해주고 상대에게 호감을 느끼며 설레던 그것이 결혼하고 난 뒤에는 돌변하게 되는지 그 이유를 살펴보겠습니다.

관계를 맺기 가장 어려운 사람은 누구인가?

앞에서도 이야기했듯이 우리는 살아가면서 화를 많이 내게 마련입니다. 그런데 그 화를 내는 대상이 누구냐 하는 것입니다. 저는 강의를 다니면서 꼭 질문을 던지는 게 바로 "누구에게 화를 가장 많이 내나요?"라는 질문입니다.

대다수가 "남편 또는 아내 즉 배우자에게 화를 가장 많이 낸다"라고 답을 합니다.

다음의 도표는 모 광역지자체의 급식관계자 110명을 대상으로 누구에게 화를 가장 많이 내느냐는 설문을 한 결과입니다. 도표와 같이 배우자가 49.3%로 가장 많고, 다음은 나 자신(31%), 부모(15.5%) 순으로 나타났습니다.

여기서 나 자신이라고 대답한 분들은 대다수 혼자 사시는 분들입니다. 즉 화를 낼 상대가 없으므로 자신에게 화를 가장 많이 내는 것입니다. 그리고 부모라고 응답한 분들은 대다수 미혼입니다. 그들도 결혼을 하면 남편·아내에게 화를 제일 많이 내게 될 겁니다.

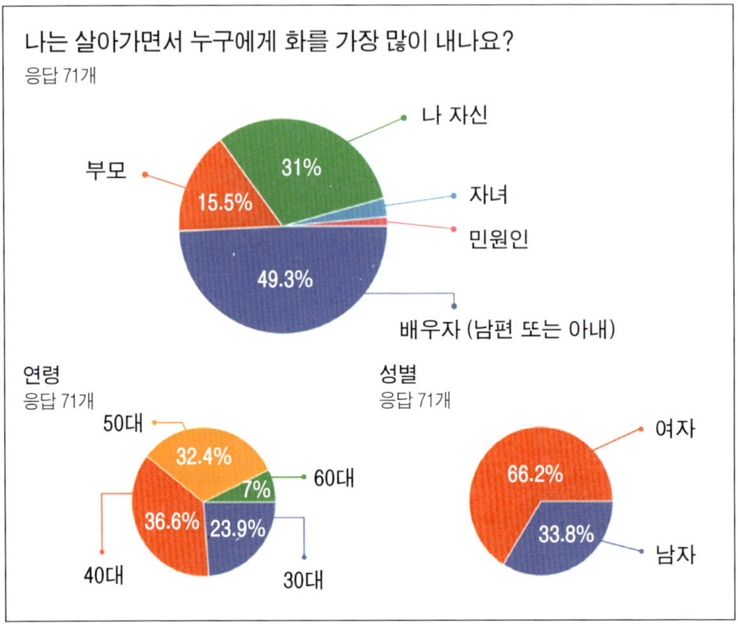

나는 살아가면서 누구에게 화를 제일 많이 내나?
출처 : 행복을 찾은 사람들 운동본부

이렇게 우리 인간은 가장 가깝고 가장 사랑하며 살아가야 하는 배우자, 가족에게 화를 가장 많이 내면서 불행하게 살아가고 있는 것입니다.

따라서 우리 인간이 관계를 맺기 가장 어려운 대상은 멀리 있지 않고 가장 가까운 사람 즉 나의 아내이고 남편입니다.

아이가 맞고 들어왔을 때 첫마디는?

성격유형을 체계화한 검사 '에니어그램'이 있습니다. 에니어그램은 기원전 2500년쯤 중동지역에서 전해져 내려오던 삶의 지혜로 알려져 있는데, 이를 현대식으로 체계화한 성격유형 검사가 현재의 에니어그램입니다. 에니어그램은 인간의 성격유형을 9가지로 나눠 각 유형의 특징들을 분석합니다. 사례를 들어 설명하면 이해가 빠를 것입니다.

출처 : [네이버 지식백과] 에니어그램이란? 심리검사 백과

출처 : freepik

우리는 아이를 키울 때 아이가 밖에서 누구에게 맞고 울면서 들어온 일이 있을 것입니다. 이렇게 아이가 맞고 들어왔을 때 나오는 첫마디가 무엇인지 다음 세 가지 답변 중에 선택해봅시다.

① 왜 그랬어?
② 얼마나 아프니? 괜찮아?
③ 누가 그랬어?

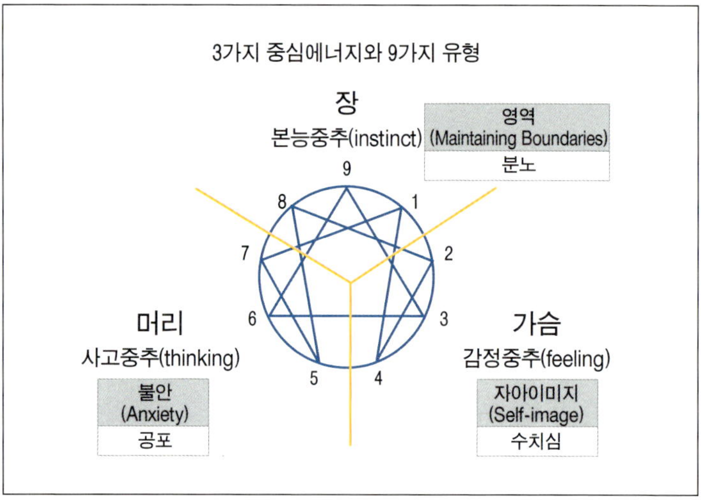

아이가 맞고 들어왔을 때 보이는 성격유형
출처 : 한국형 에니어그램 이해 [네이버 지식백과] 재인용

대부분 사람의 첫마디는 위 세 가지 유형으로 나눠집니다. 나는 몇 번인지를 확인해보고 다음을 보면 이해가 될 것입니다.

첫 번째 대답 "왜 그랬어?"라고 하는 사람은 우리의 신체에 비유하면 '머리형–사고 중심brain centered type, thinking center'이라고 합니다.

머리 유형의 사람들은 사고의 기능을 사용해서 세상을 바라보고 해석합니다. 또 정보를 수집하고, 분류하고, 계획을 세우는 것을 좋아합니다. 이들은 무엇이든지 머리로 이해가 돼야 행동을 할 수 있기 때문에 의사결정을 할 때도 논리적인 근거를 바탕으로 합니다. 그래서 이들은 결정의 근거가 될 수 있는 정보에 관심이 많습니다. 따라서 이들은 대화할 때 논리적인 근거나 자료를 인용하기 좋아하고, 객관적이고 냉정하게 말하는 편입니다.

두 번째 대답 "얼마나 아프니? 괜찮아? 라고 아이의 상태부터 묻는 경우는 '가슴 형heart centered type, feeling center'이라고 합니다.

가슴 형은 가슴의 에너지를 통해 사물을 받아들이고 인식합니다. 이들은 사람들에게 따뜻한 인상을 주며 미소를 잘 짓습니다. 자신의 이미지에 관심이 많아서 다른 사람에게 어떻게 받아들여질지에 신경을 많이 쓰고, 주변의 평가나 의견에 영향을 많이 받습니다. 결정을 내릴 때도 인간관계를 중요하게 여깁니다. 이들은 대화할 때도 좋은 사람으로 보이기 위해 상냥하고 친절하게 말하는 경향이 있습니다.

세 번째 "누가 그랬어?"라는 말이 먼저 나오는 유형은 '장형body centered type, doing center'이라고 합니다.

특히 장형은 "어떤 놈이 우리 아이를 이렇게 만들었어? 어떤 놈이야?"라고 상대를 혼내주려는 유형입니다. 장형은 장 즉, 배에서 나오는 에너지를 통해 세상을 보고 해석하는 사람들입니다. 그래서 이들은 논리적으로 생각하고 계획을 세우기보다는 먼저 몸으로 부딪치는 행동파들입니다. 세상을 대하는 이들의 방식은 사람들에게 대항하는 것이며, 이들은 다른 사람에게 힘을 행사할 수 있을 때 존중받는다고 느낍니다. 사람들과 대화할 때도 공격적이거나 고압적인 말투로 기선을 제압합니다.

결론적으로 여기에서 어느 것은 맞고 어느 것은 틀렸다는 것이 아닙니다. 모든 유형에는 장단점이 있습니다.

이렇게 우리 인간은 똑같은 상황, 즉 아이가 밖에서 맞아 울고 들어온 상황을 두고도 부부는 완전히 다른 반응을 보이게 됩니다.

저희 부부의 경우를 말씀드리면 저는 머리형이고, 저의 아내는 가슴 형입니다. 그러면 어떤 일이 벌어질까요?

가슴 형인 아내의 경우는 아이가 들어오자마자 "아이고 얘야 얼마나 아프니? 괜찮아? 빨리 병원에 가자"라고 야단이 납니다.

그런데 그 옆에 있던 머리형인 저는 "얘야 왜 그랬어?" 나아가 "네가 잘했어? 상대 아이가 잘했어?"라고 질문을 합니다.

머리형인 아빠의 생각은 아이가 우는 이유를 먼저 알아야 합니다. 그리고 저의 경우는 '우리 아이가 잘했으면 상대 아이를 혼내줄 것이고, 상대 아이가 잘했으면 우리 아이를 혼내주겠다'는 생각을 갖고 있습니다.

지금 아이가 맞고 울면서 들어왔는데 가슴 형인 엄마는 "얼마나 아프겠니?" 하면서 난리인데 옆에서 머리형인 아빠가 저런 말을 하고 있으니 아내의 입장에서 볼 때 기가 찰 노릇입니다.

"이 양반이 미쳤나? 아이가 이렇게 맞고 들어와서 울고 있는데 잘잘못을 따지는 게 무엇이 중요해!"라고 화를 낼 것입니다. 결국 부부는 싸움으로 이어질 수밖에 없습니다.

단적으로 장형의 주요 관심사는 자신의 힘과 존재, 가슴형은 타인과의 관계, 머리형은 전반적인 상황에 있습니다. 말투 역시 장형은 단도직입적이며, 가슴형은 주변 상황에 대한 설명이 길고, 머리형은 합리적·논리적이며 간단명료하게 표현합니다.

문제가 생겼을 때 극복하는 방법도 장형은 자신의 분노를 들여다보는 편이고, 가슴형은 혼자 있는 시간을 가지며, 머리형은 타인에게 자신에 대해 타인에게 설명하는 타입입니다.

그러니 당연히 내 아이가 맞고 들어왔을 때 남편과 아내의 즉각적인 표현과 말투 그리고 대처 방법이 각각 다를 수밖에 없습니다.

즉, 분명히 아이가 맞고 울고 들어온 같은 상황에서도 아내와 남편은 전혀 다른 반응을 보이니 상대가 틀려도 한참 틀렸다고 생각하며 부부싸움을 하게 됩니다.

이렇게 부부가 살아가면서 일어나는 모든 사안에 대해서 각자 다르게 받아들이고 다르게 반응을 보이게 됩니다. 그러니 부부간에 다툼이 끊이질 않는 것입니다. 그럴 때마다 서로 자기는 맞고 배우자는 잘못했다고 답답해합니다.

그런데 가슴 형인 엄마의 반응과 머리형인 아빠는 각자 유형에서는 그렇게 행동하고 생각하는 것이 당연합니다. 누가 틀린 게 아니라 '서로 다른' 것입니다. 각기 다른 기준으로 바라보니 상대가 틀렸다고 생각합니다.

한화그룹 김승연 회장의 청계산 폭행 일화

성격유형과 관련된 또 하나의 일화가 있습니다. 2007년에 한화그룹 김승연 회장의 둘째 아들이 주점에서 폭행당한 일이 있었습니다. 그 사실을 들은 김승연 회장은 조직폭력배를 동원해서 주점에서 아들을 폭행한 종업원들을 경기도 청계산으로 데려가 폭행을 한 사실입니다. 재벌그룹 회장이 사상 처음으로 폭행 등의 혐의로 구속이 됐던 일입니다.

김승연 회장은 그 당시 영장실질심사를 마친 뒤 "제가 일시적인 감정을 억제하지 못해 일이 크게 벌어지게 된 것에 대해 제가 수양이 부족하고 부덕해서 일어난 일 같아서…"라며 "국민께 대단히 죄송스럽게 생각합니다. 소양이 부족하고 부덕한 저 때문에 우리나라 경제를 위해 힘쓰는 다른 경제인들에게 진심으로 죄송합니다"라고 말했습니다.

이처럼 김승연 회장의 행동은 대표적인 장형으로 분류됩니다. 일시적으로 감정을 억제하지 못해 일어난 일이라고 했습니다. 이렇듯 순간의 분노를 참지 못해 일어나는 일이기도 하지만 장형의 유형에서는 흔히 일어날 수 있는 일입니다.

이 사건은 뉴스에 크게 보도됐고 많은 사람이 이를 보았습니다. 이 사실을 장형이 보았을 때는 과하기는 했지만 어느 정도 이해가 되고 '잘했다'라고 생각할 수도 있을 것입니다. 그러나 가슴 형과 머리형이 볼 때는 도저히 이해할 수 없는 일이라고 판단할 것입니다.

남편·아내이 돌변하는 이유

성격유형에 따른 차이를 좀 더 보겠습니다. '머리형'은 합리적이고 이성적이며 지식 정보를 중시하는 이성 파이고, '가슴 형'은 분위기, 느낌, 인맥 등을 소중히 여기는 감성파 스타일이며 '장형'은 체험과 경험을 우선하는 행동파의 특징을 갖고 있습니다.

전쟁에서 싸우는 장수의 지휘 스타일을 '지장, 덕장, 용장'으로 나누기도 합니다. 삼국지에 나오는 주인공 유비는 지장이고 관우는 덕장이며 장비는 용장이라고 볼 수 있습니다.

우리나라 기업인들도 보면 삼성의 이건희 회장은 머리형 스타일이고, 현대 정주영은 "해봤어?"하는 장형 스타일, LG그룹 구본무 회장은 '사랑해요. LG'라는 슬로건에서 알 수 있듯이 가슴 형으로 나눌 수 있습니다.

이렇게 우리는 각자 똑같은 현상을 보고도 다른 반응을 일으키며 '자기 반응이 맞다'라고 주장합니다. 그런데 연애할 때와 신혼 때에는 왜 그런 현상이 일어나지 않았을까요?

바로 그러한 '자기 생각을 주장하지 않았던 것'입니다. 결혼하기 전에는 서로에게 주기만 하려고 했고, 결혼한 후에는 받으려고 만 하니 일어나는 현상입니다. 남편·아내이 돌변하는 이유가 바로 여기에 있는 것입니다.

출처 : freepik

남편에게 질렸어요!

회사업무로 견학을 가는 중이었습니다. 견학을 가는 지역 단체의 국장이 50대 중반 여성이었는데 버스가 고속도로에 들어서자 제 옆자리로 와서 이야기를 건네는 것입니다. 그 국장은 저의 '화가 발생하지 않는 생활', '스트레스받지 않는 생활'에 대해 공감을 많이 하는 분이었습니다.

그 국장이 제게 이렇게 질문하는 것입니다.

"사장님은 혈액형이 무엇이에요?"라고 하길래 대답하려는데 "A형 아녜요?"라고 하는 것입니다. 그 여성 국장은 저를 이미 혈액형이 A형이라고 추정하고 있었던 것입니다.

그래서 제가 "예 A형입니다"라고 했더니 "저의 남편도 A형입니다. 저는 O형이거든요"라고 말하는 것입니다. 그리고 "우리 남편은 쫀쫀하고, 꼼꼼하고, 쩨쩨하고, 어쩌고, 저쩌고…"라며 남편에 대한 흉을 보는 것입니다. 그러면서 "저는 남편에게 질려버렸어요"라는 것입니다.

출처 : freepik

제가 "질렸다는 게 무슨 말씀이세요?"라고 질문을 하자 "저는 25세에 대학을 졸업하고는 바로 신랑을 따라 이 시골로 들어왔습니다. 시집오고 난 몇 해 뒤에 시아버님이 돌아가시고, 시동생 2명을 모두 뒷바라지하고, 아들 둘을 낳아 훌륭하게 잘 키웠습니다. 그리고 종갓집이 돼서 일 년에 모시는 제사만 해도 여러 번이 되고, 농사도 만평이 넘습니다"라는 것입니다.

제가 "예 고생이 많으셨겠습니다"라고 답을 하니 "그런데 저의 남편은 저를 버리셨습니다"라고 하는 것입니다.

나 : "버리시다니요? 그게 무슨 말씀이시죠?"

그녀 : "예. 남편은 외도하고 밖으로 나다니는 거예요. 지금은 이렇게 얘기하지만 정말 어려웠습니다. 너무 힘이 들었습니다."

나 : "그러시겠네요. 그 고통이 얼마나 컸겠습니까? 정말 대단하십니다. 일반적으로 이혼을 했을 수도 있을 텐데 이렇게 가정을 잘 지키고 잘 살아가시니까요."

그녀 : "예…. 그런데 얼마 전에 남편이 나에게 다가오는 거예요. 함께 잠자리하고 난 뒤에 꼭 안으면서 나를 사랑한다고 하는 겁니다. 그래서 제가 눈물을 펑펑 흘렸어요"

나 : "사랑한다는데 눈물을 흘리다니요?"

그녀 : "지금 내게 와서 사랑한다고 하면 뭐합니까? 내 청춘 다 갔는데요."

나 : "예." "…."

잠깐 침묵이 흐르자 그녀가 "저에게 좋은 말씀 좀 부탁드릴까요?"라고 하는 것입니다

나 : "예, 국장님. 참으로 대단하시고 고생을 너무 많이 하셨습니다. 그런데 남편분에게 질려버렸다고 했는데 누구 때문에 질려버렸지요?"

그녀 : "예? 누구 때문에 질리다니요? 저 때문에 질렸습니까?" 하는 것입니다.

지금까지 자기 남편이 꼼꼼하고 쩨쩨하고 어떻고 바람피운 이야기까지 다 했는데, 누구 때문에 질렸냐고 반문하니 당황하면서 하는 말이었습니다.

나 : "아까 남편이 쫀쫀하고, 쩨쩨하다라고 말씀하셨는데 남편을 그렇게 생각한 것은 남편이에요? 국장님이에요?"

그녀 : "예 접니다."

나 : "국장님은 혈액형이 O형이라고 하셨는데 일반적으로 O형의 특성은 통이 크고 화통하고 선이 굵고 기분파 스타일이라 할 수 있겠지요. 반면 남편분은 A형이니 세심하고 꼼꼼하고 부드럽고 정이 많고 완벽해야 하는 유형일 수 있습니다. 그러니 국장님은 늘 남편분의 세심함과 부드러움이 내 기준으로 볼 땐 쫀쫀하고 쩨쩨하게 보일 수밖에 없을 겁니다. 나는 선이 굵고 통이 커야 하는데 남편의 행동은 그렇지 못한 것이었지요? 그러한 남편의 행동 하나하나가 마음에 들지 않고 결국 남편에게 '틀렸다! 틀렸다!'라는 말을 많이 했을 겁니다. 결국 남편은 늘 인정해주지 않는 아내가 밉고 짜증도 나고 다툼이 잦아지고 나아가 부부싸움이 크게 일어나게 마련입니다. 인간의 기준이 제각각 다른데 그 다른 기준을 내 기준으로 평가하니 남편분은 국장님을 어떻게 바라보고 있을까요? 우리는 서로 상대에게 내 기준 속으로 집어넣으려고 하고 상대가 틀렸다고 하고 상대가 해주기를 바라기만 하니 다툼이 일어나고 미워지는 겁니다. 그런데 결혼 전에는 얼마나 좋았습니까? 연애하실 때는 이것도 해주고 싶고 저것도 해주고 싶고 많은 것을 해주고 싶었지요?"

그녀 : "예."

나 : "그런데 결혼하고 나니 이것도 받고 싶고 저것도 받고 싶고

주기는 싫고 그러신 거 아녜요?"

그녀 : "맞아요."

나 : "그러니 서로가 서로에게 상처를 주며 살아오신 것입니다. 그렇게 남편도 국장님이 느끼신 만큼이나 못마땅하게 생각하실 것이고, 그런 것이 쌓이니 밖으로 나가는 것입니다. 남편이 집에 들어오면 아내가 자기를 조금도 인정해주지 않고 당신 '틀렸소'만 하는데, 어느 날 밖에서 어떤 여성을 만났는데 그 여성은 자기를 전부다 '맞다'라고 인정해주는 겁니다. 남편 입장에서는 그 여성에 확 빠져들지 않을까요?"

그녀 : "아이고 남편도 저 때문에 질렸겠네요."

나 : "예. 그게 답입니다. 지금부터는 그냥 주기만 해보세요. 바라지말고 주기만 하시면 남편분이 미안해서라도 더 많은 것을 주실 거에요."

그녀 : "예…."

이렇듯 지구상의 80억 명의 인류는 결혼하면 모두가 다 다음과 같이 하소연을 할수밖에 없게 되는 것입니다. 아내는 남편에게 "질렸어요!", 남편은 아내에게 "질렸어요!"라고.

내 기준이 잘못돼 일어나는 것인 줄을 모르고 상대가 잘못하고 있다고 늘 상대를 탓하고 원망하고 있습니다.

기준이라는 감옥을 누가 만들었나?

우리 인간이 태어나는 과정을 살펴보면 아버지의 정자 약 4억 5,000만 마리가 출발해 어머니의 난자 하나를 탈환한 유일한 존재가 바로 '나'입니다. 이렇게 어마어마한 경쟁에서 4억 4,999만 9,999마리를 물리친 승자가 바로 나인 것입니다.

8개월 된 필자의 손자

어머니 뱃속에 들어갈 때는 눈 감고, 귀 막고, 코 막고, 입 막고 들어가서 태어나서는 입 열고, 코 열고, 귀 열고, 눈을 떴습니다. 이 아기의 모습이 바로 나의 모습입니다.

나 역시 이렇게 태어나서 부모로부터 사물의 이름을 하나하나 배우고 습득을 해나가면서 나만의 기준을 만들어갑니다. 우리는 이 기준을 만들어 두고 상대가 내 기준에 들어오도록 요구하고 있습니다.

80억 명 중 나와 같은 기준을 가진 사람이 몇 명일까?

이렇게 우리는 태어나서 어머니 아버지로부터 배우고 학교, 사회에서 배운 것을 갖고 각자의 기준을 만들어 두고 살아갑니다. 그런데 세계인구 80억 명 중에 나와 똑같은 기준을 가진 사람이 몇 명일까요?

나와 똑같은 기준을 가진 사람이 한 사람도 없다는 것을 알 것입니다. 우리 인간의 지문처럼 부모·자식 간, 형제간, 심지어는 일란성 쌍둥이라도 똑같지 않다는 것을 알 것입니다.

출처 : SBS [사실은] '포퓰리즘'은 언제 많이 거론됐나요?

결국 지구상 80억 명 중에 나와 똑같은 기준을 가진 사람은 단 한 사람도 없는데, 전부 내 기준안으로 들어오기를 바라고 있는 나의 잘못입니다. 그러나 상대가 보면 나 역시 틀린 부분이 많다는 것을 우리는 알지 못하고 또 인정하려고 하지 않는다는 게 문제입니다.

내가 화를 내어서 상대가 행복해지고 나도 행복해진다면 화를 많이 내는 게 맞습니다. 그러나 내가 화를 냄으로 인해서 상대도 상처받고 나도 상처받습니다. 그런데 우리는 끊임없이 화를 내고 있습니다.

결국 지구상 모든 사람은 결혼하는 순간 남편은 아내에게, 아내는 남편에게 질리게 되는 것입니다. 참 아이러니한 일입니다.

좋은 관계를 만드는 법

내 기준의 감옥을 부숴라

앞에서도 언급했듯이 하버드대학교의 연구 결과 '무엇이 인간을 행복하고 건강하게 오래 살게 만드는가?'에 대한 답은 바로 '좋은 관계'입니다.

그런데 4번째 총괄책임자 로버트 월딩거는 "좋은 관계를 맺는다는 것은 골치 아픈 일이고 밑도 끝도 없는 일이다"라고 했습니다.

이 '밑도 없고 끝도 없는 골치 아픈 일'은 결국 내 기준으로 상대방을 '맞다 틀리다'라고 끊임없이 자기주장을 하기 때문에 일어나는 것입니다.

따라서 우리 인간이 좋은 관계를 맺기 위해서는 내가 만들어놓은 '내 기준'이라는 감옥을 부숴야만 합니다. 그 방법은 내 기준에 안 들어올 때 "어떻게 이럴 수가 있어?"라고 화를 내는데 "어떻게 이럴 수가 있어!"가 아니라 "아, 당신 입장에서는 그럴 수도 있겠구나"로 바라보는 것입니다. "이럴 수도 있고, 저럴 수도 있고, 그럴 수도 있겠구나"라고 바라보는 것입니다.

이러한 주제로 제가 화가 발생하지 않는 생활을 실천한 지 100일 되는 시점에서 '영남일보 CEO 칼럼'에 연재하기 시작했습니다.

출처 : 행복을 찾은 사람들 운동본부 행복 수첩

바라지마라, 지는 것이 이기는 것이다

상대에게 욕심을 갖는 순간부터 남을 배려하는 마음이 없어집니다. 욕심이 없을 때 남을 위해 베풀고 싶은 자애로움이 일어나는 것입니다. 우리가 남을 원망하고 미워하고 원수가 되는 근본은 무엇 때문입니까? 그 역시 바라는 욕심, 원하는 욕심이 그런 결과를 불러오는 것입니다.

부부가 다투는 것도 그 욕심에 의해 다투는 것입니다. 서로가 자기가 주장하는 것이 옳다고 강한 의도를 갖기 때문입니다. 부모 자식과 형제가 다투는 그것도 바로 욕심에 의해 다투는 것입니다.

옳은 것은 아무것도 없습니다. 바라지 않고 지는 것이 최선의 길이고 최상의 길이요, 결국 이기는 것입니다. 영원히 조복을 받는 자리가 바로 지는 자리입니다.

내 것 주고 원수 되는 자리

우리는 친할수록 서로 챙기게 되고 그것이 해준 자리로 남게 되고 주변에 자랑하고 다니게 됩니다. 그러다 보니 바라는 마음이 생기고 그것에 부합돼 오지 않으면 서로 좋았던 감정은 사라지고, 오히려 남보다 못한 원수를 만들어가는 것을 주위에서 쉽게 볼 수 있습니다.

내가 나의 소중한 것을 남에게 줄 때는 조건이 없어야 합니다. 받으려고 해서도 안 되고 자랑해서도 안 됩니다. 대상이 있어서도 안 되고 준 자리가 없어야 합니다. 높낮이도 없어야 합니다.

차라리 주지 않았더라면 바라는 마음도 생기지 않고 자랑할 일도 없을 텐데, 대부분 줄 때는 내가 좋아서 주고 즐긴 것이지, 상대방의 의중 따위는 미처 헤아리지 않았을 것입니다.

예전에 만난 어떤 지인이 들려준 일화입니다. 그분이 젊었을 때 자기 집안은 살기가 괜찮고 집이 2채였는데, 사촌 동생은 집도 없고 살기가 매우 어려웠다고 합니다.

그래서 사촌 동생에게 집을 무상으로 한 채 주었다고 합니다. 그랬더니 한동안은 그 사촌 동생이 "우리 형님뿐입니다"라고 하며 자기에게 정말 잘했다고 합니다. 그런데 어느 날 갑자기 사촌 동생이 자기에게 화를 내며 이상한 얘기를 하더니 가버렸다는 것입니다. 그 뒤로는 서로 원수가 돼 지금까지 왕래가 없다는 것입니다.

그분이 이렇게 원수가 된 이유를 모르고 있었습니다. 그렇게 깍듯하게 잘해주던 사촌 동생이 돌변한 이유는 사촌 동생에게 집 한 채 주었다는 이야기를 자랑삼아 기회가 될 때마다 하고 다녔기 때문이었습니다.

우리 인간은 남으로부터 그런 이야기를 듣는 것도 한 번 두 번이지 자꾸 듣게 되면 감정이 일어나기 마련입니다. 기분이 좋을 때는 '그냥 그렇지' 하고 지나칠 수 있는 문제도 감정이 상하면 그것이 사소한 이야기라도 확 터지고 맙니다. 그러니 우리는 절대 준 자리를 가지면 안 됩니다. 내 것 주고도 원수지는 일이 바로 이러한 일입니다.

서운한 마음이 드는 이유, 준자리가 없어라

모 기관과 업무적으로 일을 추진해나가는 과정에서 K라는 분과 함께 정부세종청사에 출장을 다녀오는 길이었습니다. 같이 식사하면서 이런저런 얘기를 하다가 다음과 같은 얘기를 하는 것입니다.

얼마 전에 자기가 몸담은 기관에서 H라는 분이 퇴사했는데 그 분으로부터 부탁 전화가 왔다는 것입니다. 그 H라는 분은 주장이 강하고 고집이 있어 그 기관에서 많은 사람이 가까이하고 싶지 않은 유형인데, 자기에게 전화가 와서 부탁하더라는 것입니다. 그래서 내키지는 않았지만, 그 부탁을 안 들어주기도 그렇고 바쁜 와중에도 부탁을 들어주었는데 처음에는 그냥 알아서 해달라고 했다가 또 수정을 요구하더라는 겁니다.

그렇게 어렵게 부탁을 들어주고 나니 나중에 H에게 전화가 와서는 자기가 운영하는 국밥집에 오면 국밥 한 그릇 내겠다고 했다며 서운한 기분을 말하는 것입니다. 그 말을 듣고 난 뒤 제가 다음과 같은 이야기를 들려주었습니다.

나 : "맞아요. 참 마음이 편하지 않았겠어요. 바쁜 와중에도 내키지 않는 부탁을 들어줬는데, H의 감사하는 마음이 고작 자기가 운영하는 식당에 오면 국밥 한 그릇 대접하겠다고 하니 서운했겠어요. 그런데 만약 그분이 퇴사하신 이후에 전화를

걸어 부탁할만한 사람이 몇 사람이나 될 거로 생각하세요?"

그 : "아마도 많지 않을 겁니다."

나 : "그렇지요. 그것만 봐도 선생님이 그분에게 좋은 이미지를 주었다는 겁니다. 그분에게 인정받은 게 아닐까요?"

그 : "예, 맞네요."

나 : "그런데 힘든 상황에서도 내가 도와준 자리를 아직도 갖고 있으니 마음이 편치 못한 게 아니겠어요? 그분은 감사하는 마음을 갖고 있는데 선생님이 그분에 대한 서운한 감정이 있잖아요? 결국 그 감정으로 다음에 그분을 만나게 되면 선생님은 그분에게 참 좋은 덕을 쌓고도 그 미운 감정으로 원수가 돼버릴 수 있습니다."

그 : "예. 그러겠네요."

나 : "이렇게 우리는 내가 한 자리를 갖고 있으니 그 한 자리가 상대를 원수로 만들어가는 자리라고 합니다. 그래서 그 한 자리를 없애야 합니다. 준 자리가 없으면 서운함이 없어질 것인데, 그 준 자리가 있으니 서운함이 나아가 감정이 일어나고 결국에는 서로 원수가 돼 버립니다. 주변을 돌아보면 가족, 친척, 친구 등 많은 사람이 서로 왕래를 잘하다가 원수를 만들어가는 과정을 알 수 있을 거에요. 바로 준 자리를 들고 있기에 일어나는 것입니다. 얼마나 기분이 좋습니까? 그 H라는 분이 나를 인정해서 부탁을 해왔고, 그 부탁을 들어줘서 그분이 내게 감사하는 좋은 마음을 갖고 있습니다. 그리고 내가 했다는 자리를 없애면 그분과 계속 좋은 관계를

유지할 수 있을 것인데, 내가 해준 자리에 비해 돌아오는 보상이 적다는 서운함을 갖고 있으니, 내 마음이 불편하고 그분 마음도 불편해질 겁니다. 언제 가서 국밥 한 그릇 맛있게 먹고 감사하다고 하면 참 좋은 관계를 지속해 나갈 수 있지 않을까요?"

이렇게 말씀을 드리고 나니 "참 그러네요"라고 하면서 자신을 돌아보는 것입니다.

이렇듯 우리는 해준 자리를 들고 있으니 해주고도 그 준 자리가 상대를 원수로 만들어가고 있습니다. 준 자리를 없애면 서운함이 없고, 원수질 일이 없습니다.

두 번째 맞는 독화살

예전에 친한 선배의 '장인상'에 문상 갔을 때의 일입니다. 저의 둘째 아들과 함께 갔는데 장례식장에 도착해서 조문을 끝내고 나와 식사하는데, 선배님은 보이지 않고 형수와 조카 둘이서 저희를 맞이하는 것입니다.

나 : "형님은 어디 가셨어요?"

그 형님은 매우 활동적이신 분이라 형님보고 오시는 문상객이 많은 상황이었습니다.

형수 : "술을 너무 많이 먹어 곯아떨어져 자고 있어요. 이렇게 문상객이 많이 오는데, 정작 맞이해야 할 당신은 자고 있으니…. 어휴!"

우리는 식사를 하고 있고 그 형수는 조문객이 들어오자 조문객 맞이하러 갔다가 다시 저희 자리로 와 이야기를 나누다가, 또 갔다 오기를 반복했는데 그 형수의 짜증이 점점 커지는 것이었습니다.

형수 : "맏사위가 돼서 이게 뭐야! 제가 미안해서 죽겠어요"

하시면서 짜증을 내시는 겁니다.

그래서 제가

"형수님, 부처님 법문 중에 두 번째 맞는 독화살이라는 게 있습니다. 첫 번째 독화살은 형님이 조문객이 주는 술을 마다하지 않고 다 받아 마셔 술에 취해 더 이상 조문객을 맞지 못하고 곯아떨어져 주무시게 된 것입니다. 두 번째 독화살은 이제 그 상황을 지켜보는 내가 스스로 짜증이 올라오고 화가 치밀어 올라오는 것입니다. 이미 이렇게 상황이 벌어진 것을 이제 되돌릴 수도 없는데 이제는 내가 내 마음으로 독화살을 만들어 나를 죽이는 것입니다. 그리고 그 독화살이 조문하러 오시는 모든 분에게 퍼져나가는 것입니다."

이렇게 말씀을 드렸더니 그 형수는 순식간에 얼굴이 밝아지면서 "아, 맞네요. 이미 상황이 이렇게 돼버린 거 어쩔 수 없네요. 내일 법원에 가서 중요한 판결을 받아야 하는데 차라리 잘됐네요"라고 하시면서 고개를 끄덕끄덕하시는 겁니다.

출처 : freepik

이렇게 마음 하나 바꾸는 순간 그 형수님은 참 편안해지고 얼굴이 밝아졌습니다. 만약 저와 그런 대화를 나누지 않았더라면 문상객이 몰려오는데 남편의 술에 취해서 곯아떨어져 자는 모습을 보고 화가 증폭됐을 것입니다. 그리고 장례를 치르고 난 뒤에 부부싸움을 크게 했을 수 있을 것입니다.

우리는 세상을 살아가는데 수많은 첫 번째 독화살을 맞을 수밖에 없습니다. 그런데 그 첫 번째 독화살을 맞은 뒤에 내 마음의 감정으로 두 번째 독화살을 만들어 스스로 지옥을 만들어가고 있습니다. 스스로 자신을 죽이는 것임을 모르고 고통 속에서 헤매고 있는 것입니다. 마음에 박혀 느끼는 감정의 괴로움이 육체의 고통보다 더 큰 고통을 받게 됩니다.

욱하는 성격 치유법

우리 한국 사회가 참을성 없고 충동적인 사회가 돼 가고 있습니다.

<조선일보 기사>

층간소음 이웃 살해 이어… 꾸짖는다고 어머니 살해

남을 배려 않는 문화가 쌓이며 충동조절장애 환자도 급증, 잠재된 갈등이 한꺼번에 폭발해 설날 연휴 기간 층간소음 분쟁으로 살인과 방화를 저지른 범죄가 잇따르자 "그 정도의 문제로 난폭한 범죄를 저지르는 것을 이해할 수 없다"라는 반응이 많다.

[오늘의 세상] 욱하는 한국인… 순간을 못 이긴 '홧김에 살인·방화' 10년 새 2배

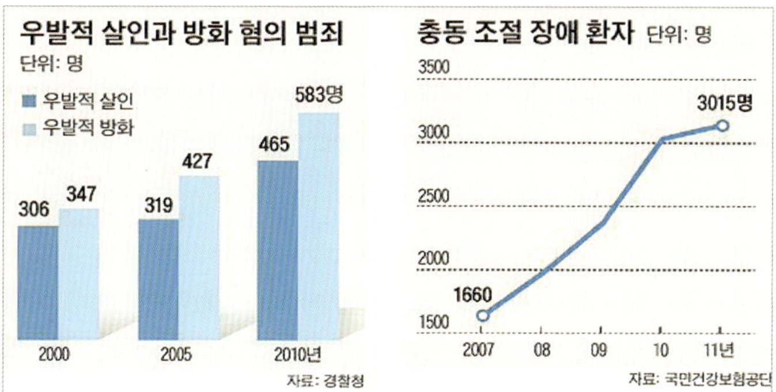

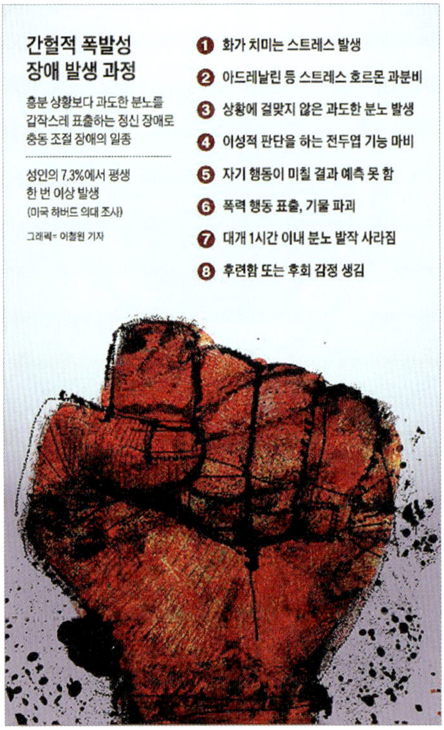

출처 : 조선일보, 김철중 의학 전문기자 양지혜 기자 2013년 2월 13일

조선일보 기사에서 보듯이 이렇듯 우리나라 사람들이 살아가면서 늘 분노로 인해 스트레스를 받고 살아갑니다. 이 문제가 어찌 일부 소수의 문제이겠습니까? 인간이라면 공통으로 가진 문제라고 할 수 있습니다. 즉 인간은 누구나 다 하루에도 몇 번씩 화를 내고 짜증을 내고 신경질을 내며 살아가고 있습니다. 그것이 증폭되

는 순간 바로 분노가 돼 순간의 감정을 참지 못하고 돌이킬 수 없는 일을 저지르고 맙니다.

경찰청 범죄 통계로는 순간 스트레스로 '우발적 살인'을 한 혐의자는 10년 새 52%가 늘어났고, 방화는 10년 새 68%가 증가했다고 합니다.

결국 우리 사회가 갈수록 화로 인한 순간적인 분노가 증폭돼 간다는 것을 알 수 있습니다. 이는 우리 사회가 병들어가고 있다는 증거입니다. 이제 우리 사회를 치유하지 않으면 안 될 시점에 도달했습니다.

자기 생각대로 뜻대로 되지 않을 때 분노가 일어납니다. 그것이 심해지면 시쳇말로 눈에 보이는 게 없어지는 것입니다. 그러니 살인, 방화, 폭력 등을 저지르고 맙니다. 우발적인 분노와 이로 인한 충동적 행동에 대해 현명하게 대처할 방법이 있습니다.

출처 : freepik

첫 번째, 대처 방법으로는 갑자기 그러한 상황에 맞닥뜨리게 되면 내 감정 역시 올라오게 돼 상대방에게 화를 내게 됩니다. 그런데 분노하면서 다가오는 그 사람은 폭탄을 갖고 심지에 '불붙여 주라'고 오는 것과 같습니다.

그럴 때 조그마한 불씨만 튀어도 그 폭탄을 폭발시키고 맙니다. 그러면 모든 상황은 돌이킬 수 없는 상황이 되고 맙니다. 그럴 때는 분노를 하면서 다가오는 상대방에게

"죄송합니다."
"죄송합니다."
"너무 죄송합니다."

“이렇게 화나게 해서 너무 죄송합니다”라고 말을 해야 하는 것입니다

진실하게 이렇게 세 번만 죄송하다고 얘기하면 상대방의 분노는 가라앉게 돼 있습니다. 분노가 가라앉은 다음 상대방이 왜 그렇게 분노했는지, 무엇을 어떻게 잘못했는지 등 얘기를 차분하게 대화로 풀어나갈 수 있을 것입니다. 〈1장 사장 나와! 사장 안 나와! 사례 참조〉

그러면 상대방은 이성을 찾게 되고 그러한 불상사를 막을 수가 있게 됩니다. 결국 ’지는 것이 이기는 것‘입니다. 나를 낮추는 것이 진정 나도 이기고 상대방도 이기는 길로 가는 것입니다. 모두가 행복해지는 길로 가는 것입니다.

출처 : 행복을 찾은 사람들 운동본부 글 2013년 2월 16일

지난 것은 모두 '뗏목'이다

옛날 어떤 사람이 길을 가다가 큰 강을 만났습니다.

그 사람은 혼신의 힘을 다해 고생 끝에 강을 건널 수 있는 뗏목을 만들었습니다.

강을 다 건너고 나니 어렵게 만든 뗏목이 너무 아까웠습니다.

또 언제 강이 나올지 모르니 그 사람은 뗏목을 끌고 가기로 마음먹었습니다.

우리는 이처럼 언제 나올지 모를 강을 위해 내가 만들어놓은 것이 너무 아까워서 버리지 못하고 뗏목을 메고 가는 것과 같은 삶을 살고 있지는 않은지요?

뗏목을 메고 가면 얼마나 힘이 들겠습니까? 그 상태로 어디까지 갈 수 있겠습니까?

출처 : freepik

부부간에도 마찬가지입니다. 부부싸움을 하게 되면 예전에 케케묵은 이야기까지 다 소환해 서로의 감정을 뒤집어 놓습니다. 지난 것은 모두 지나간 뗏목이라 절대 과거의 케케묵은 이야기를 하면 안 됩니다. 그런데 버리지 못하니 집착 때문에 우리는 하루하루 짐만 가득 싣고 힘겹게 가는 것입니다.

이럴 수도 있구나, 그럴 수도 있구나(영남일보 칼럼)

"자신이 세워놓은 기준으로 잘 잘못을 가르는 순간 화를 잉태하게 되며 그 기준의 감옥에서 벗어나야만 행복을 얻을 수 있을 것"

우리 지구의 나이가 얼마쯤 될까? 그리고 인류가 지구에 출현한 것은 언제부터일까? 많은 과학자가 여기에 대한 답을 제시하고 있습니다.

지구의 나이는 약 46억 년 그리고 우리 인류의 기원은 약 300만 년 전 이라고 추정하고 있습니다. 그러면 그 이전은 세월이 없었을까? 아닐 것입니다. 우리가 생각할 수도 없는 세월이 있었을 것입니다.

그리고 앞으로의 미래는 또 어떠할까? 역시 마찬가지일 것입니다. 이러한 수 억겁의 세월 속에 우리 한 인간은 70~80년을 살다가 가는 것입니다. 이를 볼 때 우리 한 인간은 극히 찰나와 같은 짧은 순간을 왔다가는 존재입니다. 이렇게 우리는 잠시 머물다가 갈 뿐인데 많은 사람은 영원히 존재할 것 같은 생각을 하고 살아가고 있습니다.

그리고 우리 인간의 삶 속에 나타나는 다양한 일들이 본인의 의지와는 전혀 무관하게 일어나는 경우가 아주 흔합니다. 인간 대다수는 자기 삶을 열심히 살아가고 선하게 살려고 노력하고 있습니다. 그러나 어느 날 갑자기 자신에게 닥치는 예측하지 못한 일들이 일어나기도 합니다.

그 예로써 2004년에 일어났던 동남아의 쓰나미로 인해 28만 명이 한꺼번에 죽음으로 이르게 되는 것입니다.

출처 : https://blog.naver.com/newbbabang/220867727812

올해 동일본 대지진으로 인해 수많은 사람이 죽거나 다치는 사례가 그것입니다2011년 3월 동일본 대지진 지진으로 1만 8,000명이 사망했음. 그 속의 대다수 사람은 정말 착하게 열심히 살아가는 선남선녀일 것입니다.

이 얼마나 억울한 것인가요? 착하게 선을 행하고 열심히 살아가는 많은 사람에게 하루아침에 닥친 재앙. 그들은 무슨 죄를 지었기에 그러한 일을 당하도록 하는 것일까요? 운이 몹시 나쁜 것으로 치부하면 될 것인가요? 그러면 나는 왜 그렇게도 운이 없는 것일까요? 많은 사람은 억울해하며 분노를 일으키기도 할 것입니다. 세상에는 이러한 현상들이 무수히 일어나고 있습니다. 그것을 우리는 어떻게 받아들이고 어떻게 해석해야 할까요?

또한 우리 인간은 크거나 작건 간에 짜증에서부터 신경질 그리고 화를 내면서 살아가기 마련입니다. 그 짜증과 신경질, 화의 원천은 항상 상대가 존재합니다. 그리고 화의 원천은 자기가 아니라 상대라고 생각하고 있습니다. 따라서 상대를 미워하는 마음이 점점 쌓이게 되는 것입니다. 그러나 우리 인간은 자기가 지금까지 배우고 경험한 지식으로 '기준이라는 감옥'을 만들어가고 있습니다.

출처 : freepik

자신이 세워놓은 그 기준에 모든 것을 보고 듣고 평가해 어긋나는 일이 발생하면 그 차이만큼 화를 내는 것입니다. 결국 그 '기준의 감옥'이 자신을 옥죄어 오게 만드는 것입니다.

그런데 우리 인간은 그 화로 인해 자기 삶이 더욱 힘들어지고, 자신과 관계하는 모든 사람을 힘들게 만들고, 불행을 잉태시키고 있다는 것을 모르고 있습니다.

저 역시 얼마 전 사례를 보면서 자신이 세워놓은 공정성이라는 기준에서 어긋나는 사실을 발견하고 억울함에 화를 낸 사실이 있습니다. 그러한 화를 낸 결과가 자신에게 얼마나 나쁜 영향을 미치고 상대에게 또한 얼마나 큰 어려움을 줬는지 모릅니다.

이렇게 우리가 살아가는 동안 어떠한 일을 겪게 될지 모릅니다. 또한 생활 속에 크거나 작건 간에 큰 화를 냄으로 인해 불행해진다는 것을 잘 모르고 있습니다.

저는 이러한 풀리지 않는 의문 때문에 고민하고 있을 때 어느 큰 스님을 만나는 인연이 있었습니다. 큰 스님의 법문은 이러했습니다.

세상에 일어나는 모든 일이 '이럴 수도 있구나, 그럴 수도 있구나, 저럴 수도 있구나'라고 생각하면 된다고 하셨습니다. 바로 그것이 답이었습니다. 이런 생각을 하고 세상의 모든 일들을 볼 때, 화를 낼 이유가 완전히 사라지게 되는 것이었습니다.

그리고 '나에게 다가오는 모든 일들이 이런 일도 있겠구나, 나에게 다가오는 모든 일들이 그런 일도 있겠구나, 나에게 다가오는 모든 일들이 저런 일도 있겠구나!'라고 생각하는 순간 하루아침에 닥칠 수 있는 재앙에서도 자유로워질 수 있고, 결국 생활 속에 일어나는 짜증과 신경질, 화가 사라지게 되는 것입니다.

결국 마음의 평정을 찾게 되고 아주 편안해지는 것입니다. 바로 행복한 삶이 찾아오게 되는 것입니다. 또한 우리가 겪게 되는 모든 억울함에서도 그 억울함이 사라지게 되는 것입니다. 저는 직원들에게도 기회가 되면 얘기하고 있습니다. 그리고 항상 감사하게 생각하며 어떠한 현실에 당면해도 절대 화를 내는 일이 없을 것이라고.

출처 : 영남일보 C/E/O/칼/럼 2011년 9월 27일

Part
4

중년에도 신혼처럼 사는 법

우리 인간의 궁극적인 목적인 행복한 삶을 위해, 관계를 맺기가 가장 어려운 남편·아내과 좋은 관계를 만들어가는 법을 통해 중년에도 신혼처럼 살아갈 수 있는 길을 제시했습니다.

언제부터 중년일까?

'중년'이라는 단어를 국어사전에 보면 다음과 같습니다.

1. 명사. 마흔 살 안팎의 나이 또는 그 나이의 사람. 청년과 노년의 중간을 이르며, 때로 50대까지 포함하는 예도 있습니다.
2. 명사. 사람의 일생에서 중기, 곧 장년·중년의 시절을 이르는 말.

이렇듯 중년이라 하면 마흔에서 쉰까지의 연령대를 가르칩니다. 그런데 저는 중년이란 신혼의 단꿈이 지나가고 서로 다툼이 일어나는 시점을 '중년'이라는 단어로 사용했습니다. 즉 우리는 결혼하기 전에는 애틋하게 그리워하며 평생을 행복하게 살 것이라고 꿈을 꾸고 결혼생활을 시작했습니다.

그러나 사람에 따라 차이는 있겠지만 다툼이 끊이질 않고 서로에게 상처만 주기 시작하는 지점을 중년이라고 명명했습니다. 따라서 결혼 3년 차에 다툼이 심화하면 이미 중년이라고 할 수 있습니다.

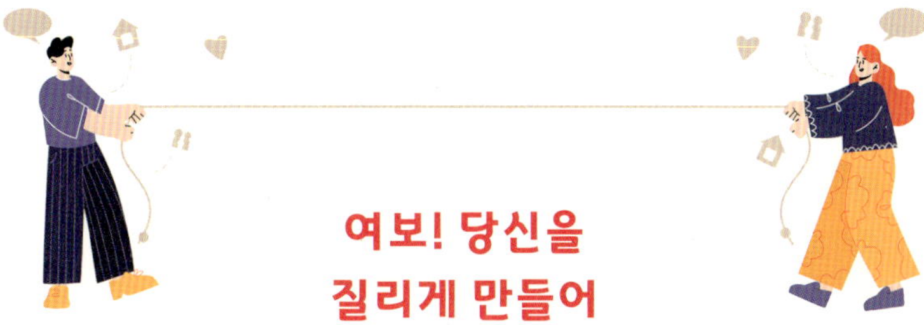

여보! 당신을 질리게 만들어 정말 죄송합니다

부부관계 회복을 위한 출발

3장에서 보았듯이 관계를 맺기 가장 어려운 대상이 바로 남편·아내입니다. 따라서 지금까지 다툼이 끊이질 않고 미움이 가득한 대상으로 바뀌 살아가고 있습니다.

그러나 중년에도 우리는 신혼처럼 행복하게 살아갈 수 있습니다. 나아가 죽을 때까지 신혼처럼 살아가야 합니다. 우리는 결혼하기 전과 결혼한 후의 삶이 왜 그렇게 달라지는지를 확인했습니다.

출처 : 앤보임 잉글리쉬 블로그

지금까지 내가 힘들었던 만큼 나의 남편·아내도 힘이 든 것입니다. 그 원인을 진부 내가 제공한 것입니나.

신혼과 같은 부부관계 회복을 위해 이제 나의 아내, 나의 남편에게 다음과 같이 편지를 써서 용서를 빌어야 합니다. 이것이 부부관계 회복을 위한 첫 출발점이 됩니다.

여보
그동안 나와 같이 살아 주느라고
너무 고생 많았습니다.

그동안 너무 죄송합니다.
결혼 전에는 하늘에 별도 따다 줄 것처럼 말했는데

결혼한 뒤부터는 줄곧 당신을 인정해주지는 않고
당신에게 줄 생각은 하지 않고
내 기준을 내세워 맞다 틀리다 감정을 일으키고
당신이 나에게 해주기만을
당신에게 바라기만 해
당신을 질리게 만들어 죄송합니다.
어리석은 나를 용서해주세요.

여보 그동안 너무 감사했습니다.
이렇게 당신을 힘들게 하고 당신을 질리게 한 나를
지금까지 함께 살아줘서 정말 고맙습니다.
이제는 당신에게 바라지 않고 주기만 하겠습니다.
당신을 사랑합니다.

그런데 위와 같은 편지를 써서 남편·아내에게 보내면 남편·아내은 어떠한 반응을 보일까요?

제가 강의할 때 이 대목을 이야기하면 모두 "이 사람이 미쳤나? 죽을 때가 돼 가나? 혹시 무슨 잘못을 저질렀는가?"라고 남편·아내이 반응할 것이라고 했습니다.

당연한 결과입니다. 지금까지 내가 그렇게 한 적이 없었기 때문입니다. 원수처럼 살다가 어느 날 갑자기 돌변해 '미안하다, 사랑한다'라고 한다면 누가 그 사람을 신뢰할 수 있을까요?

그래서 좋은 방법이 있습니다.

그냥 남편·아내에게 이렇게 편지를 써서 보낸다면 그런 반응을 보일 것입니다. 그러나 아침에 일찍 일어나 남편·아내의 발을 마사지하면서 진심으로 편지를 읽으면서 용서를 구하면 그 반응이 달라집니다.

출처 : freepik

아침잠을 곤히 자고 있는데, 아내가 남편에게 혹은 남편이 아내의 발바닥을 마사지해 주면서 자기의 잘못을 이야기하고 사랑한다고 이야기하면 뭔가 진심이 있을 것이라고 여겨질 것입니다.

적어도 '죽을 때가 다 돼 가나?'라는 의심은 받지 않을 것입니다. 이렇게 하기를 일주일에 두서너 번씩 하면서 그동안 자기가 남편·아내에게 잘못했던 일들을 하나씩 이야기하면서 육하원칙에 따라 참회를 해나가면 됩니다.

"내가 언제 어디서 무엇을 어떻게 잘못했는데 용서해주기를 바라며, 앞으로는 두 번 다시 그러한 행동을 하지 않을 것입니다"라고 정중하게 이야기하며 참회한다면 그 진심을 빨리 받아들이게 될 것입니다.

만약에 그렇게 하더라도 받아들여지지 않는다면 그만큼 내가 남편·아내에게 고통과 상처를 많이 준 것임을 알아야 합니다. 더 진심을 담아서 열심히 내 기준을 버리고 바라지 말고 주기만 해야 합니다.

이렇게 하면 그동안 남편·아내의 응어리진 마음을 눈 녹이듯이 녹이고, 옛날 신혼과 같은 마음으로 서로를 이해하고 사랑하며 살아갈 수 있게 될 것입니다.

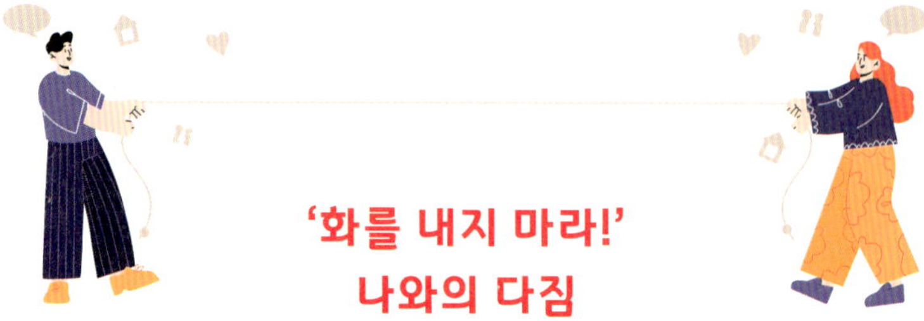

'화를 내지 마라!' 나와의 다짐

앞에서 이야기했듯이 내 기준에 안 들어올 때 '당신 입장에서는 그럴 수도 있겠구나'라고 바라보면 화가 발생하지 않습니다. 또한 상대에게 바라는 마음이 없어져야 합니다. 하지만 그게 바로 체화되기가 어려울 수 있습니다. 따라서 초기에는 화를 참을 줄 알아야 합니다. 이런 생각을 강하게 나의 뇌리에 심어야 합니다. 나와의 다짐이고, 참 나를 찾고, 우리 가정의 행복을 위한 약속입니다.

이렇게 초기 단계에서는 화가 나더라도 화를 참는 인고의 힘이 있어야 합니다. 그런 생활을 하루하루 해나가다 보면 나중에는 상대가 화를 내면서 다가오더라도 내면의 감정은 무심히 고요한 것을 확인할 수 있습니다.

내 기준으로
바라는 마음에서
'미움'이 싹튼다

부부간의 갈등이 일어나는 이유는 내 기준으로 해주기를 바라는 마음 때문입니다. 그 사람이 나에게 무엇인가를 해주기를 바라는데, 바라는 대로 이뤄지지 않으니 '미움'이 싹트게 됩니다. 바라는 것이 없다면 미움도 원망도 없습니다.

결혼 전과 결혼 후의 모습으로 돌아가 보면 확연히 알 수 있습니다. 결혼하기 전에는 배우자에게 무엇이든지 해주고 싶었는데 결혼한 후에는 무엇이든지 받고 싶어지게 된 것입니다. 바라는 마음이 나를 괴롭히고 그 고통을 나는 즐기고 있는 것입니다.

출처 : freepik

남이 결혼하라고 하지 않았습니다. 본인 스스로 한 것입니다. 그러면 내가 바라는 마음이 없이 상대가 나에게 다가올 수 있도록 만드는 것이 뭘까요?

내 기준이라는 감옥을 부수고 바라지 말고 아낌없이 주는 것입니다. 그러면 더 받으려고 절로 다가올 것입니다. 그런데 그 빚을 다 갚고 나면 나중에 오히려 "뭐 필요한 것 없어요? 도와줄 거 없어요?"라고 합니다. 그때는 내가 빚 받는 자리가 됩니다. 내가 빚을 갚으니 빚이 새끼를 쳐서 이자가 돌아오는 것입니다. 그러면 나는 쫓기지 않고 그냥 누리기만 하면 됩니다.

감정을 일으킨 자리가 부서지는 자리

남편·아내의 마음을 알아야 하는 데 잘 참고 지내다가 어느 한자리에 봉착하면 과거의 악습이 순식간에 올라오게 됩니다. 그러면 그동안 닦아놓은 공덕을 송두리째 부숴버리는 것입니다. 이게 자신을 억제하지 못해서입니다.

나 자신을 억제하지 못한다는 것은 무엇 때문일까요? 바로 자기가 살아있는 그 감정입니다. 그 시험대를 지혜롭게 잘 통과해야 합니다. 내가 감정을 일으킨 그 자리가 부서지는 자리입니다. 내가 수십 년 동안 살아온 인생도 부숴버렸고 닦아놓은 공덕도 부숴버린 것입니다.

세상이 행복해지는 노래, 바라지마라

바라지마라

〈작사 인각 큰 스님〉

1. 바라지 말고 바라지 마라
그 누구에게 바라지 마라.
구하지 말고 구하지 마라
누가 주기를 구하지 마라.

이럴 수 있나 저럴 수 있나
분한 생각이 괴롭힐 때는
이럴 수 있고 저럴 수 있고
그럴 수도 있는 것이라
마음 하나 바꾸고 나면
불평불만이 사라지~네

2. 주기만 하고 주기만 해라
주기만 하면 즐거워진다.
받지도 말고 받지를 마라
받게 되면은 빚쟁이 된다.
주고받으려 하지 않으면
불평 불만이 사라지네
분한 생각 일어날 땐
이런저런 그럴수도 있는 거라.
마음 하나 바꾸게 되면
온 세상이 행복해진~다

<해설> 인각 큰스님

모든 사람은 자기 욕심과 자기 기준의 성품을 갖고 살아가고 있습니다. 바라는 마음대로 안 되니 분노가 일어나고 괴로워집니다. 바라지 말고 주기만 하면 세상이 행복해집니다.

E minor

바라지 마라

인각스님 작사
강주현 작곡
이재광 편곡
무심스님 노래

출처 : 경주석불사

우리가 살아가고 있는 이 세계는 남녀노소 누구나 다 남이 없고 모두가 인연이 연결 되어있기 때문에 만나는 것입니다.

특히 현재 가까이 지내거나 한 지붕 아래 살고있는 가족과 일가친척 부부 친한 벗들이 모두 전생숙명으로 맺어진 인연들입니다.

그러한 인연들과 마음이 맞지 않다, 사고방식이 다르다 말이 통하지 않는다는 등의 이유와 구실을 달고 눈에 살이 끼고 말에 독이 서려 눈만 뜨고 날만 새면 아수라지옥으로 몰고 가는 것입니다.

이것은 각자 자기기준으로 욕심을 부리니 즉 바라는 마음이 치성하니 일어나는 결과입니다.

그러니 바라는 게 없어지면 부부간에 가족 간에 화목함과 행복이 기다리게 될 것입니다.

아이고 저의 남편도 저 때문에 질렸겠네요!!

우리는 결혼하기 전에는 설레는 마음으로 사랑하고 보고 싶고 행복하게 살 거라고 맹세하고 결혼했습니다. 그렇게 결혼하고 자식을 놓고 살아오면서 서로에게 미운 감정만 쌓여가고 화를 제일 많이 내는 대상으로 바꾸어 불행하게 살고 있습니다.

그 원인은 지금까지 살펴보았듯이 바로 각자의 기준으로 상대에게 요구만 한 내 잘못인 것을 알 수 있었습니다. 또한 3장에서 살펴본 아이가 맞고 들어왔을 때 첫마디에서 보듯이 우리 인간은 태어나 자라면서 각자의 성품이 모두 다르게 형성됩니다.

머리 형은 그 이유를 알아야 직성이 풀립니다. 머리형과 사는 어떤 여성은 남편이 "왜?"라고 묻는 말에 "진절머리가 난다"라고 했습니다. 부부싸움의 발단은 남편이 "왜?"라고 이유를 묻는 말과 지시적인 말에 "거부감이 들고 화가 난다"라고 했습니다.

남편이 머리 형 유형을 가진 것은 하나의 유형임을 인정하고 받아들여 줘야 합니다. 내가 남편에게 주기만 하면 됩니다. 남편에게 주지는 않고 받으려고만 하는데 내가 바라는 대로 안 해주니 화가 나는 것입니다.

원래 인간은 이렇게 다른 것입니다. 다른 성품을 가진 두 사람이 서로 만나서 사랑하고 결혼했습니다. 그런데 나와 똑같은 행동, 나와 똑같은 생각을 하지 않는다고 끊임없이 상대를 틀렸다고 한 게 바로 나입니다.

물론 같은 유형 속에서도 각자의 기준은 다릅니다. 다만 함께 공유할 수 있는 부분이 더 많을 것입니다. 이러한 상대에 대한 차이를 인정해주고, 틀린 것이 아니라 다름을 인정해주고, "당신 맞소. 당신 맞소" 한다면 다툼이 일어날 일이 없어질 것입니다.

그러니 지금까지 남편·아내과 살아오면서 다툼이 일어난 일들의 원인을 되돌아보면 하나하나 풀리게 될 것입니다. 내가 얼마나 나의 기준, 나의 성품, 나의 유형만 맞고, 배우자의 기준, 배우자의 성품, 배우자의 유형은 틀렸다고 부정한 것이 배우자에게는 얼마나 큰 상처가 됐을까 돌아봐야 합니다.

"남편에게 질렸어요!"라는 사례에서 아내가 마지막에 한 말이 기억날 것입니다.

"아이고 저의 남편도 저 때문에 질렸겠네요!!"

결국 내가 남편·아내에게 얼마나 잘못했는지를 돌아봐야 합니다.

남편·아내을 손님 대하듯이 대하자

우리는 살아가면서 가족으로부터 제일 먼저 시험이 들어옵니다. 그것을 극복해야만 합니다.

만일 배우자 대하기를 이웃집에서 온 '손님'으로 대한다면 어떻게 될까요? 이웃집 남자·여자가 손님으로 우리 집에 왔다면 절대 실수하지 않을 것입니다. 그러면 남편·아내의 기분은 최고가 됩니다. 절대 거기에 토를 달고, 이유를 달고, 시비를 걸 사람이 없습니다.

그런데 우리는 남편을 뭐 취급하듯이 합니다. 그러니 시비가 걸립니다. 악습이 바로 그것입니다. 정중하게 "아이고 수고 많으셨습니다. 잘 다녀오셨습니까?" 깍듯이 대한다면 얼마나 기분이 좋겠습니까? 밖에서 기분 나쁜 일이 있더라도 눈 녹듯이 녹아버릴 것입니다.

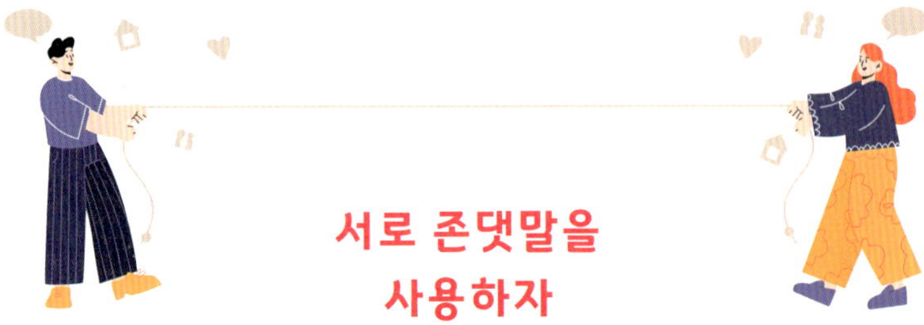

서로 존댓말을 사용하자

우리는 친할 때 때로는 막 대하게도 됩니다. 독설을 품어내고 적을 만들어갑니다. 나를 버리는 최첨단의 길은 바로 내 '언어'를 바꾸는 일입니다.

'언어가 바뀌면 전부가 다 바뀝니다.'

부부 대부분은 서로 말을 놓습니다. 말을 놓게 되면 감정이 일어날 때 그 정도가 더욱 증폭되게 돼 있습니다. 따라서 평소에 존댓말을 사용함으로써 좀 더 조심하고 배려할 수 있게 됩니다. 평소에도 서로 존중함으로 자존감을 높일 수 있습니다. 그리고 비록 화가 치밀어 올라와도 존댓말을 사용하면 그 정도를 누그러뜨리는 효과가 있습니다.

조선시대 양반가에 보면 서로 존댓말을 하는 경우를 볼 수 있습니다. 저희 부부도 서로에게 존댓말을 사용하고 있습니다. 특히 불교에서 부부는 전생의 빚쟁이가 서로 만난다고 합니다. 따라서 빚쟁이가 만났으니 빚 받으려고 끊임없이 요구한다고 합니다. 따라서 빚을 다 갚을 때까지 계속 아낌없이 주어야 합니다. 아낌없이 주려면 서로에게 존댓말을 사용할 때 쉬워집니다.

부탁하자

부부간에 요구할 때가 많이 있습니다. 예를 들어 아내가 남편의 도움을 받아야 할 일, 무거운 것을 든다든가 하는 일이 있을 때 "여보 이거 좀 해주세요"라고 합니다. 때에 따라서는 "이거 해! 저거 해!"라고 명령하기도 합니다.

명령의 근본은 '지시'입니다. 사람은 명령을 매우 싫어합니다. 따라서 명령하는 순간에 해주기 싫어집니다. 대답하고 그냥 넘어갑니다.

"지가 나를 시켜?"라고 합니다.

그 사람 마음을 움직이는 방법은 명령하지 말고 '부탁'해야 합니다.

"여보 오늘 바쁜 일 있어요?"
"왜요?"
"뭐 한 가지 부탁드릴 게 있어서요."
"뭔데요?"

그러면 부탁을 들어줄 준비가 되는 것입니다. 이렇게 하면 열 일을 제쳐두고 그것부터 해주고 갑니다.

반드시 먼저 말을 걸 때 그분의 시간부터 확인해봐야 합니다. 자기 일에 빠진 사람에게 부탁하면 들어 줄 수 없습니다. 그 자체의 집착에 빠져 있기 때문입니다.

꼭 필요한 것이 있으면 항상 도움을 요청하던지 부탁해야 합니다. 이게 사람을 부리는 방법입니다. 이거 해라, 저거 해라하면 한 시간이 지나도, 두 시간이 지나도, 다음 날이 지나도 안 돼 있습니다. 그때 감정이 일어나고 부부싸움으로 번지게 됩니다.

세 마디만 하면 행복해진다

우리는 살아가면서 "예, 알겠습니다", "감사합니다", "죄송합니다"라는 세 마디만 잘하면 정말 행복해질 수 있습니다.

첫 번째, "예 알겠습니다."

남편이든 아내이든 상대가 무슨 이야기를 하면 부정만 합니다. 서로서로 인정하기 싫어하고 미움이 가득하니 다툼이 일어날 수밖에 없습니다.

따라서 남편·아내이 이야기할 때 무엇이든지 "예 알겠습니다." 설령 그 말이 내 기준에는 틀렸다 하더라도 일단은 "예 알겠습니다"라고 인정해야 합니다. 남편·아내의 기준에서는 맞는 것이기 때문입니다.

두 번째, "감사합니다."

부부간에도 감사한 마음을 적극적으로 표현해야 합니다. 남편·아내에게 '내 마음을 알겠지' 하고 그냥 넘어가는 경우가 많습니다. 나아가 남편·아내에게 내 마음마저 알아달라고 요구하고 있습니다. 위험천만한 이야기입니다. 자기 마음도 수시로 변하고 또 어떻게 변할지 모르는데, 남편·아내이 그것을 어떻게 알 수 있겠습니까?

마지막으로 "죄송합니다."

상대가 화를 내면서 다가올 때, 세 번만 진심으로 남편·아내에게 "아이고, 죄송합니다"라고 말을 해야 합니다. 왜냐하면 상대의 기준으로 볼 때 분명히 화 날일이 발생했기 때문입니다.

이렇게 세 마디만 하면 모든 것이 다시 복원되고 행복해질 것입니다.

잘했군, 잘했어!

우리가 잘 아는 노래 중에 '잘했군. 잘했어'라는 노래가 있습니다. 가수 하춘화와 고봉산이 부른 노래인데, 시대에 따라서 가사가 조금씩 달라지지만, 근본은 같습니다.

QR코드를 휴대폰으로 촬영하시면 동영상을 볼 수 있습니다.

출처 : 레인보우 잘했군 잘했어-박상철, 금잔디
https://www.youtube.com/watch?v=58IdJNGsICc

가사 내용을 보면 다음과 같습니다.

1. 영감~
왜 불러
뒤뜰에 뛰어놀던 병아리 한 쌍을 보았소
보았지
어쨌소
이 몸이 늙어서 몸 보신 하려고 먹었지
잘했군 잘했어 잘했군 잘했군 잘했어
그렇게 내 영감이라지

2. 마누라
왜 그래요
외양간 매어놓은 얼룩이 황소를 보았나!
보았지
어쨌소
친정집 오라비 장가들 밑천에 주었지
잘했군 잘했어 잘했군 잘했군 잘했어
그러게 내 마누라지

3. 영감
왜 불러
사랑채 비워주고 십만 원 전세를 받았소
받았지
어쨌소
서양 춤 배우려고 쌍나팔 전축 사 왔지
잘했군 잘했어 잘했군 잘했군 잘했어
잘했어 그러게 내 영감이라지

4. 마누라
왜 불러요
딱정내 마나님이 술값의 독촉을 왔었나?
왔었죠
뭐랬나
술병을 고치려고 지리산 약 캐러 갔댔지
잘했군 잘했어 잘했군 잘했군 잘했어
그러게 내 마누라지

가사에 보면 "사랑채 비워주고 십만 원 전세받은 돈으로 서양춤 배우려고 쌍나팔 전축 사 왔다"하는데도 "잘했군 잘했어"라고 합니다.

부부간에 이처럼 무조건 “잘했소”라고 하면 싸울 일이 없어집니다. “왜 그랬어?”라고 하고 말꼬리를 무는 순간 싸움이 일어납니다.

오늘부터 무조건 “당신 잘했어요.” 밤늦게 들어오더라도 “왜 이렇게 일찍 오세요?”라고 하면 됩니다. 긴장하고 들어갔는데 그런 말을 들으면 긴장이 확 풀리게 됩니다.

한마디만 하면 되는데 그것을 왜 지금까지 “뭐 했어요? 왜 늦게 왔어요?”라고 합니다. 그러면 다툼이 시작됩니다.

인간은 하지마라고 하면 더 하고 싶어하는 심리가 있습니다. 가만히 내버려두면 스스로 자신을 돌아볼 것인데 하지마라고 닥달을 하니 더 하고 싶어지는 것입니다.

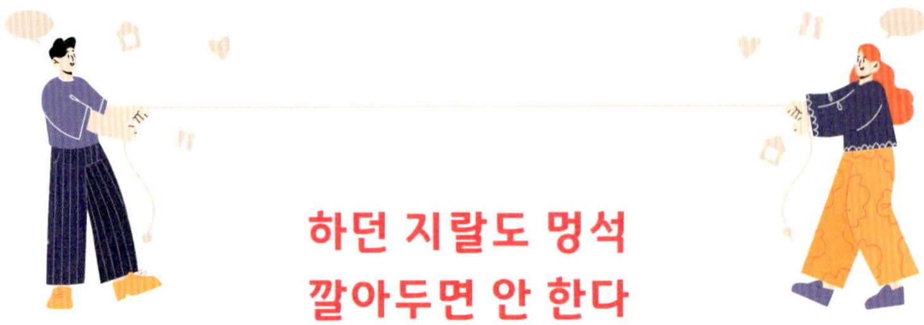

하던 지랄도 멍석 깔아두면 안 한다

술 먹고 오는 사람에게 "아니 왜 술 먹었어요?" 당신 몸에 안 좋고, 이거는 어떻고, 저거는 어떻고 하면서 잔소리를 합니다. 이건 상대를 위해주는 게 아닙니다.

"술 자셨어요? 잘하셨어요. 당신 행복하면 됐어요."

오히려 술 한 상을 준비해놓고 기다려야 합니다. 그러면서 "여보 저랑 한 잔 더 하실래요?" 하면서 사랑스럽게 다가가야 합니다. 그러면 미안해서라도 다음부터는 술을 안 먹습니다.

"아 맞구나. 내가 하라고 하니 안 하더라. 내가 하지 말라고 하니 더 하더라."

우리 속담에 '하던 지랄도 멍석 깔아두면 안 한다'라는 말이 여기에 딱 맞는 속담입니다.

부부는
한 이불 속에서

부부는 한 침대에서 함께 잠을 자는 것이 중요합니다. 물론 배우자와 원수같이 지낸다면 불가능 한 것입니다. 중년에도 신혼처럼 살기를 실천하면 가능하게 될 것입니다.

부부가 함께 잠자리하는 게 중요한 이유는 부부간의 친밀도를 높일 수 있을 뿐 아니라 서로의 자존감을 높일 수 있습니다. 그리고 잠자리에 들 때는 되도록 옷을 벗고 잠을 자면 서로의 체온을 그대로 느낄 수 있고 스킨십을 통해 서로에게 아주 행복감을 주게 됩니다.

그런데 각방을 쓰는 이유를 들어보면 코골이 소리가 너무 심해서 또는 몸부림을 많이 치기 때문에 각방을 쓴다고 이야기합니다.

출처 : freepik

신혼 때부터 각방을 쓰는 사람이 있을까요? 나의 남편이, 아내가 사랑스러운데 코를 고는 소리가 자장가로 들리지 않았나요?

코를 많이 곤다든가, 몸부림을 많이 친다든가, 잠꼬대를 많이 한다든가 하는 것은 그 사람의 결함입니다. 그 결함을 갖고 "당신 왜 그래요?"라고 하면 안 되는 것입니다. 평생을 같이 살아야 할 사람인데 왜 그러냐 하면 안 되는 것입니다.

내 마음자리가 바뀌면 코골이가 자장가로 들리게 되는 것입니다. 그 소리가 안 들릴 때 오히려 의심해야 합니다. 좋게 받아들이면 좋게 들릴 것이고, 내가 나쁘게 받아들이면 나쁜 소리로 들립니다.

모든 것은 생각에 달려있습니다.

싫다고 했으니 강하게 밀어내는 것이고, 이쁘다 좋다고 하면 싫은 게 없어지니 아름다운 향기로 다가오는 것입니다.

어느 날 고등학교 선배한테서 전화가 왔습니다.

선배 : "K가 죽었다는데 왜 죽었어?"
나 : "예? K가 죽다니요? 얼마 전까지 통화했는데요?"
선배 : "죽었다고 연락이 왔다."
나 : "예?"

황당한 일이 벌어졌습니다. 한참 나이인 50대에 잠을 자다가 심장마비로 먼저 가버린 것입니다. 그 후배는 평소에 거실에서 자고 아내는 방에서 잔다고 했습니다. 키도 180이 넘고 아주 건장한 후배였습니다. 그런데 잠을 자는 도중에 심장마비가 와서 아무도 모르게 혼자 고통을 받으면서 가버린 것입니다. 만약에 부부가 함께 잠을 잤다면 옆에서 몸부림치는 것을 알고 대처를 할 수 있었을 것입니다.

부부관계는 면역력에 뛰어나다

'중년에 신혼처럼 살아가는 법'을 실천하니 부부관계 횟수도 일주일에 몇 번씩 될 정도로 사랑을 자주 나누게 됩니다. 사랑을 나누는 것은 부부간의 감정이 일치됨과 동시에 행복감, 자존감이 올라가게 돼 있습니다. 그리고 부부관계를 함으로써 면역력 제고에도 매우 효과적입니다.

한국방송 '생로병사의 비밀 100회 특집'에 보면 성관계와 면역력의 상관관계를 밝혀낸 미국의 브레넌 박사는 연구를 직접 실험했습니다.

성관계 횟수가 주 1~2회인 부부의 면역력과 스트레스 대처 능력이 월 1회 미만인 부부보다 월등히 높다는 연구 결과를 발표했습니다.

마음 적으로 부부관계가 회복되면 육체적인 부부관계도 회복시킬 수 있습니다. 신혼 때 나눴던 사랑보다 더 깊은 사랑을 나눌 수 있습니다. 왜냐하면 신혼 때는 잘 몰랐고 쑥스럽기도 하고 서툴렀기 때문입니다.

강동우 성의학 박사가 '오은영 리포트- 결혼 지옥'과 협업해 한국 부부의 '섹스리스' 문제를 조명한 적이 있습니다. 강 박사는 '결혼 지옥'에서 얘기할 섹스리스 문제가 결코 가볍게 생각할 내용이 아니라는 것을 이야기했습니다.

"전 세계 부부들의 섹스리스 비율이 약 20퍼센트다. 그런데 우리나라 기혼자들은 약 40퍼센트에 달한다. 전 세계 1위다. 일본이 그다음이고. 부부간 성 문제로 생기는 불화는 자연스럽게 아이들에게 악영향을 끼치게 된다."

'오은영 리포트- 결혼 지옥'과 협업해 한국 부부의 섹스리스 문제를 조명 출처 : 이슈톡톡 블로그

강 박사는 통계를 통해 주장을 뒷받침했다. 행복 지수가 10점 만점에 9점 이상인 부부는 섹스리스 비율이 30퍼센트지만, 하위권 그룹에서는 섹스리스 비율이 60퍼센트에 달한다고. 강 박사는 "부부간 행복이 아이들의 정서적 안정에도 영향을 준다"라고 거듭 강조했다.

출처 : iMBC 연예

사랑한다고 말하는 방법

사실 남편·아내에게 사랑한다는 말을 연애할 때는 많이 했을 것입니다. 그러나 살아가면서 다툼이 일어나고 미움이 일어나니 서로에 대한 사랑은 먼 이야기가 돼버린 지 오래됐습니다.

새삼스럽게 사랑에 대해 이야기하려면 아주 어색하고 하기가 쉽지 않습니다. 그 어색함을 줄이는 방법으로 잠자리에서 하면 좋습니다.

저의 경우는 잠자리에서 아내에게 사랑한다고 하니 제 아내는 잠결에도 듣고는 반응했습니다. 처음에는 '이 사람이 왜 이러지?' 하고 의아한 반응을 보였습니다. 그러나 진심을 담아서 지속적으로 해나가면 그 진심을 받아주는 것입니다. 그리고 남편·아내에게 사랑받고 있다는 것은 자존감이 매우 올라갑니다.

남편을 왕으로 모셔라

우리 큰딸이 몇 년 전 결혼을 했습니다. 그때 제가 신부 아버지로서 덕담과 혼인 서약을 하게 됐습니다. 남편을 왕으로 모셔야 하는 이유를 들어 가정이 화목하고 행복해지는 방법에 대해 제 딸에게 당부했습니다.

결혼하기 전에는 무엇이든지 해주고 싶었지만, 막상 결혼하고 나면 서로에게 이것도 해달라 저것도 해달라고 하면서 상대방에게 바라기만 합니다. 그러니 아웅다웅 다툼이 일어나고 결국은 각방 쓰기, 별거, 졸혼, 이혼 심지어는 폭행 살인까지 하게 됩니다.

이렇게 우리 인간은 자기가 좋아서 선택한 내 남편과 내 아내를 마음에 안 든다고, 같이 못 살겠다고 다투며 불행하게 살아갑니다.

그렇게 힘들게 살려고 상대를 선택한 것은 아니겠지요? 우리는 너무나 어리석게도 결혼하면 상대에게 바라기만 하니 욕심을 부리고 다툼이 일어납니다.

그래서 저의 딸에게 다음과 같이 당부했습니다.

두 사람은 부부가 되는 이 자리에서 양가 부모님과 참석하신 여러분들 앞에 다음을 서약합니다.

제가 질문을 하면 신랑·신부는 대답해 주시기 바랍니다.

(신랑) 아낌없는 사랑과 표현으로 아내의 얼굴에 매일 활짝 웃음꽃이 피어나도록 하겠습니까?

(신부) 집으로 돌아와 마주하는 시간, 남편의 입가에 미소가 번지는 예쁜 아내가 되겠습니까?

(신랑 신부) 두 사람에게 동시에 묻겠습니다. 남편은 아내에게 서로 존중하며 존댓말을 사용하겠습니까? 신부는 남편에게 서로 존중하며 존댓말을 사용하겠습니까?

신부는 남편을 왕으로 모실 자신이 있습니까?

제가 참석하신 하객분들에게 여쭈겠습니다. 남편이 왕이면 아내는 뭐가 됩니까?

'왕비'라고 하객들이 대답하면서 모두 웃음을 터트렸습니다.

예 맞습니다. 왕비가 되지요.

오늘은 왕과 왕비의 결혼식입니다.
예, 이로써 신랑 이00 군과 신부 박00 양의
혼인 서약을 완벽하게 했습니다.

꽃보다 당신이 더 예쁘세요!

어느 주말에 우리 집에서 아내가 베란다에 꽃을 보며 저에게 자랑했습니다.

"여보 베란다에 꽃이 활짝 피었어요!"

그러면서 아내는 "꽃을 보고 있으면 너무 행복하다"라고 말했습니다.

제 아내는 정원 가꾸기, 화초 가꾸기에 취미가 있습니다. 그런데 저는 "꽃을 봐도 별로 감흥이 없습니다"라고 대답했습니다. 아내는 서운한 듯한 표정을 지었습니다.

그때 제가 "당신이 꽃보다 더 예쁘세요!"

저는 "당신만 있으며 행복합니다"라고 했습니다.

우리 집 베란다에 핀 꽃의 이름은 '피튜니아'입니다

베란다에 핀 피튜니아 꽃

남아메리카 원산이며 한국에서는 한 해 살이 풀로 취급된다. 현재 재배되고 있는 것은 피튜니아 악실라리스P. axillaris와 피튜니아 비올라케아P. violacea를 교배해 육성한 것이고, 꽃의 빛깔·모양 등에 변화가 많으며 여러 계통의 품종이 있다.

출처 : [네이버 지식백과] 피튜니아 [petunia]
(두산백과 두피디아, 두산백과)

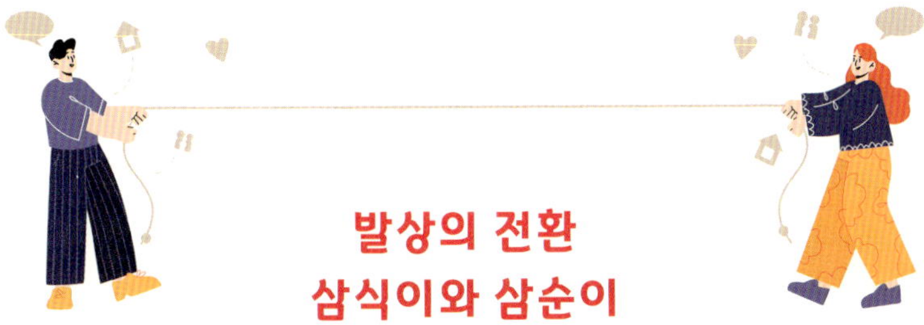

발상의 전환
삼식이와 삼순이

2,000년대에 들면서 새로운 단어가 생겼습니다. 바로 '삼식이' 라는 단어입니다. 사전에 찾아보면 다음과 같이 나옵니다.

- 삼식이[三食—] : 백수로서 집에 칩거하며 세 끼를 꼬박꼬박 찾아 먹는 사람을 말한다.
- 삼식이 남편 : 은퇴 후 바깥에 나가지도 않고 삼시 세끼를 꼬박꼬박 챙겨 먹는 남편을 가리키는 신조어이다.

평생을 가족을 위해 일하다가 은퇴하고 집에서 쉬시는 분들을 이렇게 삼식이로 비난합니다. 참 가슴 아픈 일입니다.

그런데 발상을 전환하는 가까운 지인이 있습니다. 이분은 연구기관에서 평생 근무를 하신 분인데 얼마 전에 퇴직하고 난 뒤에 자신은 아내를 위해 요리를 하루 세끼 해준다고 합니다. "평생 나를 위해 밥을 지어줬으니 이제 내가 당신을 위해 하루 세끼 밥을 챙겨 주겠다"라고 했답니다. 직접 장을 보고 새로운 반찬을 만들며 행복한 생활을 하고 있습니다.

은퇴하신 분들의 공통적인 어려움이 그렇게 열심히 할 일이 있었고 바빴던 사람이 갑자기 할 일이 없어지고 갈 곳이 없어지니, 무력감이 들고 심리적으로도 매우 우울해지는 것입니다.

그분의 말씀은 "시간이 많이 있으니 내가 요리를 새롭게 배우고, 가족을 위해 아내를 위해 뭔가를 함으로써 나의 소일거리도 찾고, 행복을 찾을 수 있다"라는 이야기입니다. 이렇듯 내가 받으려고 하지 않고 주려고 생각하니 모든 것이 즐거워지고 행복해지는 것입니다.

그래서 제가 "삼식이가 아니라 삼순이를 만들어드렸네요. 훌륭하신 모습입니다"라고 칭찬을 해드렸습니다. 마음을 어떻게 가지느냐에 따라서 행복이 결정된다는 것을 증명하는 대목입니다.

Part

5

명절 부부싸움 원인과 예방법 '인각 큰 스님의 즉문즉설'

명절 부부싸움의 원인과 예방법에 대한 인각큰스님의 즉문 즉설을 담았습니다.

출처 : 행복을 찾은 사람들 운동본부

2014년 9월 15일

추석이나 설 명절에는 멀리 떨어져 있는 가족 친지들이 한자리에 모여 정겹게 차례를 모시고 인사를 나누는 자리입니다. 이렇게 행복해야 할 명절이 생각 외로 명절 부부싸움이 많이 일어나고 명절 이후 이혼이 늘어나고 있습니다.

〈CBS 노컷뉴스〉

명절 부부싸움 원인 1위는?...시댁(처가) 부모님과의 마찰

(2014-01-30 09:13 CBS 노컷뉴스 임기상 기자)

명절 직후 실제 직장인 10명 중 7명은 부부싸움을 꼭 하게 되는 것으로 나타났다.

취업포털 커리어가 기혼 직장인 288명을 대상으로 '설 부부싸움'에 대해 설문조사를 실시한 결과, '설(명절)에 부부싸움을 꼭 하게 된다'는 직장인이 전체의 70.1%에 달했다.

'설 부부싸움'의 원인으로는 '시댁(처가) 부모님과의 마찰'이 21.8%로 1위에 올랐다.

이는 작년 추석에 실시된 같은 내용의 설문조사와 같은 순위이다.

2위와 3위에는 각각 '양가 간 차별 대우'(16.9%), '양가 집안 방문 일정'(15.8%)가 올라 설 명절 시 양가에 대한 스트레스가 부부싸움의 가장 큰 원인인 것으로 나타났다.

다음으로 '제사, 손님맞이 준비로 인한 경제적 문제'(13.9%), '귀향 여부 결정'(10.1%), '집안일 분담'(8.1%), '귀성 일정 결정'(6.5%), '귀향길 교통체증으로 인한 짜증'(4.4%), '과다한 음주'(1.9%) 순이었다.

출처 : CBS 노컷뉴스

이렇게 명절 부부싸움 원인에 대해 경주 석불사 인각 큰 스님께 법문을 청한 즉문즉설 내용입니다.

시댁·처가 부모님과의 마찰에 대한 즉문즉설

모두가 마음을 비우면 복 짓는 일이 되는데 그것을 전부 전생에 나라고 바라보면 됩니다. 사위는 사위 많은 집안에 가면 어느 사위는 좋아하고 어느 사위는 싫어한다는 일이 벌어집니다. 그게 전생의 나라고 보면 됩니다.

어느 며느리는 좋아하고, 어느 며느리는 싫어하고, 일 못하는 며느리는 나불나불 놀기만 이야기만 하고, 먹기만 하고, 누구는 새빠지게 일만하고, 누구는 핑계를 대고 일하기 싫어 매번 늦게 오고 하는데서 스트레스를 받습니다.

출처 : 네이버 포스트, 데일리

내가 전생에 게을러서, 느려서, 일하기 싫어서, 꾀부리고, 늑장부리고, 이 핑계 지 핑계 대면서 늦게 오고, 그 모습이 바로 내 모습이라는 것입니다.

내가 복을 많이 짓게끔 할 수 있어서 감사하고, 일을 할 줄 모르는 사람이 있어서 일을 많이 하니까 내가 복을 많이 지을 수 있어 감사하다고 생각하면 됩니다. 그러면 싫고 좋고도 없고, 기분 나쁜 일도 없고 1년에 한두 번씩 명절에 부모님께 효도하고 내가 복을 많이 지어서 '내 복 그릇'을 만든다면 그보다 더 좋은 일이 어디 있겠습니까?

또 먼저 가서 수고하신 분들에게는 늦게 간 분들이 지극정성 마음으로 감사하고 고마워할 줄 알면서 복을 지을 수 있다면 그 또한 얼마나 즐거운 일이겠습니까? 서로가 화합되고 형제간에 우애가 있지 않겠습니까?

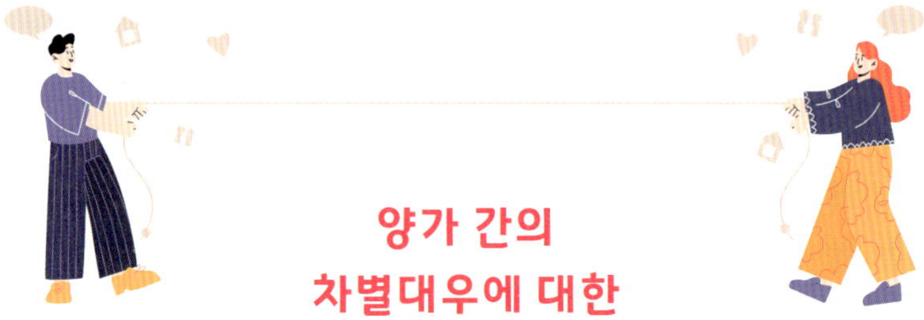

양가 간의 차별대우에 대한 즉문즉설

내가 전생에 복을 많이 지어 놓았더라면 차별받을 일도 없고, 차등이 있을 수 없을 것입니다. '내가 전생에 차별을 많이 했기 때문에 인정하고 받아들여야 하고, 차등을 주는 상대에게 내가 전생에 했던 만큼 열심히 해주고 열심히 받겠습니다'라고 하면 즐거운 명절이 될 것입니다.

사소한 것에서 마음이 걸리고 자기 스스로 자책하고, 스스로 차별받는다고 생각을 불러일으켜 더 크게 자기 화를 일으키고, 자기 몸을 망가뜨리는 것입니다.

양가 방문 순서 등
일정에 대한
즉문즉설

남자들은 처가를 날이면 날마다 가는 것이 아니고, 장인 장모에게 처가 식구들에게 복을 지으러 다녀오면 되는 것입니다. 자기 집에 갔다가 들를 경우도 있습니다. 여자는 시댁을 먼저 들러서 예의를 갖춰서 복을 지어야 합니다. 예법에 시집에서 명절을 다 지내고 친정에 가는 법이 없었지만, 시대에 따라서 바뀐 만큼 서로가 동의해서 시댁도 가고, 처가도 가는 것입니다.

시댁에 들렀다 가야 하는 길이라면 시댁에 들렀다 가야 하고, 처가에 먼저 갔다가 가야 할 방향이라면 먼저 처가부터 가야하고, 서로 양보하면서 하면 될 것입니다.

결혼 후, 첫 번째로 맞은 명절이었다.
아내는 친정에 먼저 갔다가
나중에 시가를 가자고 했다.
남편은 기분이 썩 좋지 않았지만,
아내 말에 따랐다.
설날에는 우리 집 먼저 갔으면 좋겠어
알겠어...

출처 : 네이버 포스트

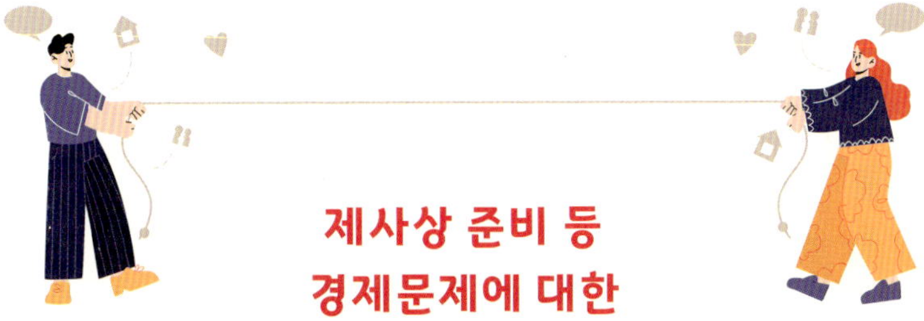

제사상 준비 등 경제문제에 대한 즉문즉설

형제간에 서로 화합하지 않는 사람이면 빈손으로 옵니다. 맏이 같은 경우는 전부 준비하는데 지차는 술병 하나 달랑 들고 오는 경우, 어른 용돈 주고 가는 일도 있는데, 내가 그 자리에 그 입장이 돼 내 복을 지을 수 있는 내 형편에 맞춰서 하면 됩니다.

맏이는 10~20명 먹을거리를 준비하는데, 겨우 월급 받아 사는 집에는 그게 참 힘든 일입니다. 그 마음은 잘 알지만 그런 자리에 그런 환경에 처했을 때는 그것도 즐겁고 감사한 마음으로 하면 됩니다.

출처 : 데일리

비용이 많이 드는 것은 좀 적게 하고, 비용이 적게 드는 것은 많이 해서 나눠 먹고 화합하면 좋지 않겠습니까? 그 자리에 있다는 것은 내가 복을 지으라는 것입니다.

전생에 내가 빈손으로 왔다면 빈손으로 오는 인연이 올 것이고, 내가 전생에 많이 베풀었다면 보따리 보따리 지고 올 것입니다. 내가 혼자 그렇게 다 부담해야 하는 것은 전생에 내가 남에게 베풀지 않고 형제간에 우애를 나누지 않은 그 대가를 받는 것입니다.

귀향 여부 결정에 대한 즉문즉설

일 년에 한 번 명절에 남들은 전부 와서 우애 있게 지내는데, 우리 자식은 오지 않나 걱정하게 해 불효하게 하는 것입니다. 얼굴 보이는 것도 어머니 아버지를 즐겁게 하는 것인데, 남들은 다 오는데 안 오면 얼마나 기다리겠어요? 부모님께 효도한다는 게 다른 게 없고 마음 편하게 해드리는 것이 최고의 효도입니다.

출처 : 데일리

귀향에 따르는
비용에 대한 즉문즉설

그 비용도 공덕을 짓는 것입니다. 왔다 갔다 하는 시간에 인내하는 것도 공덕을 짓는 것입니다. 부모에게 즐거움을 주고 효자가 되는 것도 공덕을 지어서 내 복 그릇을 만드는 것이고, 그 대가는 나갈 돈이 안 나갈 수 있고, 오히려 즐겁게 지은 만큼 내 복 그릇이 찰 것입니다.

제사를 지내기 위해서 오가면서 드는 비용도 공덕을 짓는 것입니다.

집안일 분담에 대한 즉문즉설

내 몸이 움직여 내 복을 지어서 내 것을 만들 수 있다면 어디든지 즐겁게 갈 수 있지 않겠습니까? 내 몸을 아끼려고 하기 싫어한다면 내 몸이 아플 것입니다. 어차피 해야 할 일이라면, 내가 공덕을 지어서 즐겁게 한다면, 몸도 즐거울 것입니다. 그 즐거움을 자녀에게 보여준다면 자녀들이 나를 본보고 나에게 배운데로 할 것입니다. 내가 어디 가든지 즐겁게 몸으로 하는 것을 보면 배운 대로 효행을 할 것입니다.

내가 짜증을 내고 싫어하는 모습을 보면, 그 아이들도 역시 나중에 나를 찾아올 때 짜증을 내며 불평불만을 늘어놓게 될 것입니다. 그때를 생각해 보면 어떨까요?

내가 몸과 마음으로 두 개 세 개를 열심히 베푼다면, 내 자녀들이 몇 배로 불려서 효를 짓게 하는 자리를 만들 것입니다. 내가 먼저 행하지 않고 바랄 수 없고 돌아오는 것도 없습니다.

물질적이든 몸으로든 마음이든 내가 지극정성으로 한 만큼, 내 후손들에게 두 배 세배 돌려받을 수 있고, 누릴 수 있고, 두 배 세배 성장할 것입니다. 자녀를 보더라도 내가 본보기가 돼야 합니다.

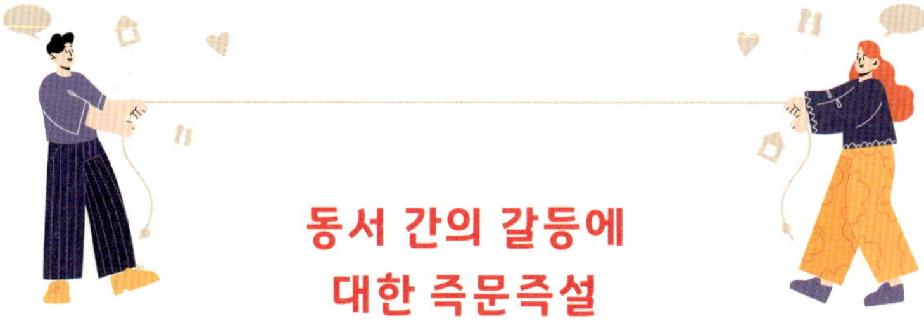

동서 간의 갈등에 대한 즉문즉설

동서 간의 갈등은 내 동생, 내 언니라고 생각하고 내가 먼저 마음을 준다면 상대도 줄 것입니다. 그렇게 만난 인연은 전생에 내가 한 그대로 주고받기 위해서 만난 인연입니다.

내가 잘했다면 좋은 인연을 만나서 나를 위해서 몸 바쳐 일 해주는 동서를 만날 것이고, 내가 전생에 거짓된 마음으로 속였다면 거짓된 인연을 만나게 됩니다.

앞으로는 그런 인연 안 만들고 부모에게 효도하는 마음으로, 형제간에 화합하는 마음으로, 조상님들을 위해서 함께 한다면 조상 역시 즐거워서 환하게 웃는 자손들을 돌볼 것입니다.

불평불만하고 내가 옳고 네가 옳고 분쟁 심을 일으키는 그 마음을 보고 조상님들이 즐거워할까요? 슬퍼할까요?

보이지 않는 무형의 세계이지만 함부로 행동하고 살아왔는데 현실과 똑같이 그 마음으로 우리에게 불행과 행을 줄 수도 있습니다.

이번 명절은 즐거운 마음으로 보낸다면 그 또한 부모에 대한 효도요, 다녀오면서도 어머니 아버지가 즐겁고, 큰엄마에 대한 자랑, 큰아버지에 대해 자랑한다면 그것을 보고 그대로 배울 게 아닙니까?

불평불만만 하면 그것을 보고 삼촌을 좋아할까요? 큰아버지를 좋아할까요? 우애를 끊는 행을 내가 먼저 하면 안 되는 것입니다. 그대로 배우겠지요? 항상 자녀들이 지켜본다는 것을 잊지 마십시오. 먼저 행하고 주어야 한다는 것을 명심해야 합니다.

Part 6

화가 발생하지 않는 생활 _ 언론 칼럼

제가 "화가 발생하지 않는 생활"을 실천하면서 많은 사람들에게 알리기 위해 언론사에 쓴 칼럼을 담았습니다.

자살 권하는 사회에서 행복 찾기

'경쟁과 집착의 감옥으로 세계 자살률 1위의 오명을, 국가 정책 전환, 나아가 개개인의 집착을 끊는 실천 통해 자살 아닌 행복을 찾을 수 있길'

우리나라는 세계에서 유례없는 단기간의 초고속 성장을 이뤄왔으며 물질의 풍요로움을 누릴 수 있게 됐다. 그러면 우리의 행복지수는 높아졌을까? 하지만 안타깝게도 자살률 세계 1위라는 불명예를 안고 있다. 오늘 하루에도 42명이 자살할 것이며, 올 한 해도 1만 5,000명 이상이 자살할 것이다. 이는 한 해 동안 작은 도시 인구보다 더 많은 사람이 자살로 세상을 등지고 있다.

세계에서 국민총행복지수Gross National Happiness가 가장 높은 나라는 어디일까? 1위는 바로 인도 옆에 있는 '부탄'이라는 나라로 1인당 국내총생산GDP은 2,000달러에도 미치지 못하고 122위에

머무는 가난한 나라이다. 그런데도 부탄은 영국 신경제재단NEF의 조사에 따르면 국가별 행복 지수가 143개국에서 1위를 차지했다.(2010년 통계)

반면 세계 경제규모 13위인 대한민국이 68위에 그치고 있다. 정말 의외의 결과이다. 우리가 그렇게 가난하다고 무시하던 부탄이나 방글라데시, 필리핀, 베트남이 우리보다 훨씬 더 행복하게 살아가고 있는 것이다. 경제성장, GDP 이런 것들만으로 더 이상 행복을 나타내는 잣대가 될 수 없다는 증거이다.

그러면 어떻게 해야 하나? 우선 현재 성장 일변도 정책의 전환을 통해 우리가 안고 있는 중앙과 지방과의 양극화 문제, 도시와 농촌 간의 양극화 문제, 대기업과 중소기업과의 양극화 문제, 분배의 양극화 문제 등을 극복해나가야 할 것이다.

둘째, 인간의 끊임없는 욕심과 경쟁, 근심, 걱정, 분노라는 집착에서 자유로워져야 할 것이다. 그렇다고 꿈을 꾸지 말라는 것이 아니다. 꿈은 꾸고 그 꿈을 이루기 위해 최선을 다해야 한다. 그러나 그 꿈이 실현되지 않더라도 좌절하지 말아야 한다. 바로 꿈에 대해 집착하지 않으므로 꿈이 이뤄지지 않더라도 고통스럽지 않을 것이다.

또한 우리 인간들은 아직 다가오지 않은 미래에 대해 걱정과 두려움에 집착한 나머지 스스로 고통에 빠져들어 힘들어하고 있다. 필자 회사의 직원인 모 과장의 사례이다. 자기가 맡은 몇 가지 업무들이 모두 자꾸만 꼬이게 되는 것이다. 그러한 업무들이 원활하게 수행되지 않는다면 회사가 입을 손실도 큰 것이었다. 그러니 그 과장은 '이 일이 제대로 안 되면 어떡하지, 저 일이 잘 진행되지 않으면 어떡하지'라는 걱정이 점점 커져 잠을 잘 때도 헛소리하고 꿈에도 나타난다는 것이다.

그렇게 근심·걱정이 가득하다 보니 가볍게 처리할 수 있는 업무도 놓치고 허둥대는 것을 볼 수 있었다. 그래서 나는 그 과장을 불러 호통을 쳤다. 당신이 걱정한다고 그 일이 잘 풀리고, 걱정하지 않는다고 그 일이 잘 안 풀리는 것이 아니다. 일을 계획적으로 추진해나갈 뿐이지 그 일의 결과가 잘못되면 어떡하냐고 쓸데없이 걱정과 망념만 자꾸 키워나가고 있다.

결국 자신의 고통만 키웠지 되는 일은 하나도 없는 것이다. 그렇게 근심, 걱정에 대한 집착을 버리니 얼굴이 밝아지고 일도 잘되는 것이었다. 또한 우리는 생활 속에 크거나 작건 간에 많은 화를 냄으로 인해 불행을 쌓아가고 있다.

이러한 모든 사회구조적인 문제와 개인적인 욕심, 경쟁, 근심, 걱정, 분노에 대한 집착으로 번뇌가 쌓이게 되고, 이러한 불행이 극에 달한다고 느낄 때 죽음으로 현실을 도피하려는 것이다. 죽으면 모든 것이 해결될까? 아니다 더 큰 악을 행하는 것이다.

석불사 인각印覺 큰 스님의 법문처럼 '나에게 다가오는 모든 일들이 이런 일도 있겠구나, 저런 일도 있겠구나, 그런 일도 있겠구나!'라고 생각하면 생활 속에 일어나는 짜증과 신경질, 화가 사라지게 되며 나아가 집착과 근심, 걱정을 부숴버릴 수 있을 것이다. 결국 자살만이 길이라고 생각하는 이는 마음의 평정을 찾게 돼 바로 행복한 삶이 기다리게 될 것이다.

이제 국가는 국내 총생산지수GDP에서 국민총행복 지수GNH의 시대로 국가 정책의 일대 전환이 필요하다. 그리고 우리 개개인은 이러한 집착과 근심, 걱정을 끊는 실천을 통해 행복지수를 높여가야 자살률 최고의 불명예에서 벗어나 부탄과 같이 행복한 국가를 만들 수 있을 것이다.

출처 : 영남일보 C/E/O/칼/럼 2011년 11월 2일

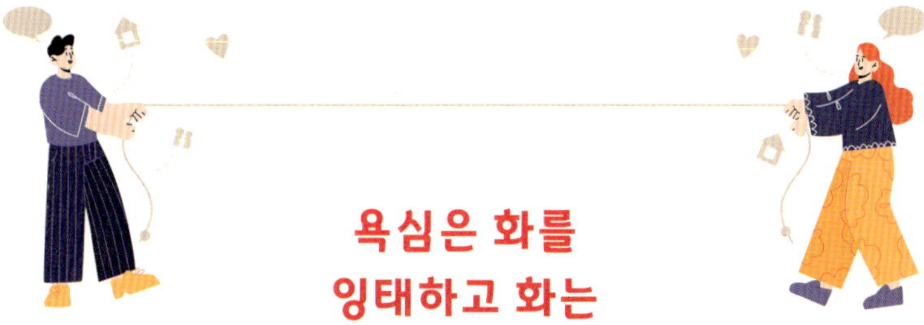

욕심은 화를 잉태하고 화는 불행을 싹 틔운다

'고3 아들이 어머니를 살해하는 사회 우리 모두의 책임인 것을, 욕심은 화를 낳고 화는 불행을 낳는 것, 화를 없애는 시민운동 전개하자.'

우리 인간은 매일매일 짜증을 내고 화를 내면서 살아가고 있다. 얼마나 자주 내며 누구한테 가장 많이 낼까? 이 글을 읽는 독자들은 아마 짐작할 것이다. 하루에도 수없이 많다는 것과 그것도 나에게 가장 가까운 사람에게 가장 많은 화를 내고 살아가고 있다는 것을. 즉 가장 가까운 사람이란 바로 내 가족이 아닐까? 그렇게 화를 냄으로써 나는 기분이 좋아졌으며 우리 가정이 행복해진 것일까? 아닐 것이다.

이렇게 우리는 매일 매일 가족뿐만 아니라 다른 사람에게 서로 화를 내고 서로에게 상처를 입히고 살아가고 있다. 그리고 그 감정을 차곡차곡 쌓아두고 그것이 높아지면 원한을 품게 되는 것이다. 그런데 화를 내는 이유는 주로 어떤 것일까?

그 이유를 보면 참 별것 아닌 것 갖고 서로 화를 내고 다투는 것이다. 우리는 왜 가장 사랑하는 가족에게 화를 가장 많이 낼까? 그 이유는 바로 우리의 감정을 숨김없이 드러낼 수 있는 대상이 가장 가깝고 편안한 사람이기 때문이다. 반면 먼 사람일수록 자기의 감정을 그대로 잘 드러내지 않는 것이다. 오늘 아침에도 사랑하는 가족들에게 '화'로 아침 인사를 하지 않았을까? 이 얼마나 아이러니한 이야기인가?

그런데 이렇게 나쁜 화는 어디에서 오는 것일까? 그것은 결국 욕심에서 출발하는 것이다. 인간의 욕심이 끝이 없으므로 그 욕심을 채울 수가 없고, 그 채우지 못한 욕심만큼 화가 나는 것이다.

또한 우리 인간은 자기가 지금까지 보고, 듣고, 배운 것으로 '기준'을 만들어 놓았다. 자신이 세워놓은 그 기준에 어긋나는 일이 발생하면 그 차이만큼 화가 나는 것이다. 그럼 모든 인간의 기준이 똑같을까? 아니다. 지구상의 모든 인간의 지문이 다르듯 그 기준도 모두 다를 것이다. 그런데 나의 기준 속으로 들어와야 한다는 욕심을 버리지 않으니 화가 날 수밖에 없다.

며칠 전 고3 아들이 어머니를 살해한 사건이 있었다. 그 사건으로 우리 사회가 떠들썩해지고 있지만 바로 우리 사회의 자화상이라 할 수 있다. 그 아들은 왜 자기 어머니를 살해했을까? 결국 어머니의 기준 속에 집어넣으려는 욕심과 그 기준에 들어가지 않으려고 하거나 못 들어가는 아들 사이에 서로 화의 종점에 치달아 원한을 품었기 때문이다.

전교 일 등이 아니라 전국 일등을 해야 한다고? 그 끝없는 욕심을 어떻게 채울 수 있을까? 전국에서 일등을 하면 세계에서 일등을 요구할지도 모른다. 우리는 끝없는 욕심에서 경쟁을 부추겨 나가고 있다. 그것이 우리를 더 빨리 고통스럽게 만들고 결국 그러한 불행을 초래하는 것이다.

그런데 '어떻게 인간이 화를 내지 않고 살 수 있단 말인가?'라고 독자들은 의문을 품을 것이다. 나는 오늘까지 128일째 화를 내지 않는 생활을 하고 있다. 화를 내지 않는 것이 아니라 '화' 자체가 사라지는 것이다. 그것은 바로 '나에게 다가오는 모든 일들이 그럴 수 있구나'라는 화두이다. 이러한 화두로 기준을 부숴버린 것이었다.

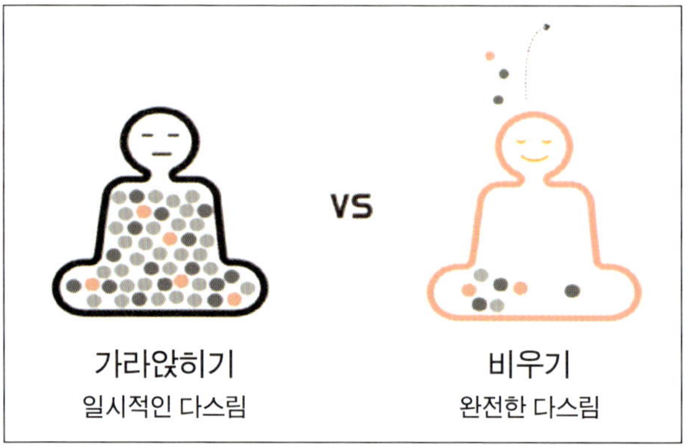

출처 : 아헹가 요가센터 블로그

이와 함께 언제든지 나의 모든 것을 버릴 준비가 돼 있고, 나의 모든 것에 대한 집착이 사라지니 근심 걱정이 사라지고, 편안해지는 것이었다. 결국 자신을 버림으로써 더 큰 행복을 얻을 수 있게 된 것이다. 이렇게 내가 바뀌니 나와 관계하고 있는 모든 사람이 바뀌는 것이었다.

필자 역시 늘 자신의 기준 속으로 모든 것을 집어넣으려는 욕심 속에 살아왔었다. 나는 요즘 만나는 사람마다 이런 얘기를 하고 있다. 이 얘기를 들은 분은 누구나 다 공감하면서 "당신은 득도(?)했다", "해탈(?)했다"라는 말을 자주 듣는다. 이것이 어찌 나만이 누릴 행복이란 말인가?

이젠 시민들이 나서서 생활 속에 바로 도움이 되는 화를 없애는 운동을 시작해야 할 때이다. 욕심을 버려 만족함을 알아서 작은 것에도 감사할 줄 알고, 자기 기준의 감옥을 부순다면 우리 개개인이 행복해지고 가정이 행복해질 것이다. 나아가 우리 사회가 행복해질 것이다.

또한 현재 싸움만 일삼는 위정자들도 자리에 대한 집착을 버리면 진정 국민이 보일 것이다. 마지막으로 위정자들에게 묻고 싶다. 세계에서 가장 빨리 성장하는 국가가 아닌 가장 행복한 국가를 만들겠다는 욕심을 부릴 수는 없을까?

출처 : 영남일보 C/E/O/칼/럼 2011년 11월 29일

급증하는 이혼율 우리 사회 무너진다

'우리 사회 불행 키우는 이혼의 근본 원인은 '화', 화내지 않는 생활 시민운동 전개해 이혼율 줄여갈 수 있길.'

우리나라는 60년 만에 원조받던 국가에서 원조해 주는 국가로 초고속 성장해 세계를 놀라게 했다. 그러한 초고속 성장으로 우리는 물질적인 풍요로움을 많이 누릴 수 있게 됐다. 그러나 인간의 궁극적인 목적인 행복을 위한 조건들은 오히려 잃어가고 있다.

그중 가장 큰 것 중의 하나가 가정을 파괴하는 '이혼'일 것이다. 우리나라의 이혼율 증가율이 심상치가 않다. 통계청의 '2010 인구 총조사' 결과에 따르면 지난해 11월 기준으로 이혼 상태인 가구주는 126만 7,000명으로 5년 전보다 40.2%(36만 3,000명) 늘었다. 30년 전인 1980년에 비해서는 무려 18.1배로 급격히 증가하고 있다.

전체 가구주가 1,733만 9,000명인 점을 고려하면 전체의 7.3%를 차지한 것이다. 이혼 뒤 혼자 사는 이를 가리키는 이른바 '돌싱족'도 1980년 7만 명에 불과했지만 2005년 90만 4,000명으로 빠른 속도로 증가하고 있다.

출처 : freepik

이혼하는 당사자들의 정신적 고통과 물질적 손실이 얼마나 클까? 나아가 부모의 이혼으로 인해 자식에게 물려주는 불행은 또 얼마나 클까? 즉 부모의 이혼으로 인해 아이들이 받을 마음의 상처가 얼마나 크며 우리 아이들은 어떻게 견뎌내야 할까? 성장하는 과정에서 부모의 불화와 분노를 지켜보면서 무엇을 배우겠나? 이것은 사회 범죄를 유발하는 확률을 높이게 될 것이다. 그로 인한 우리 사회가 받아야 할 대가가 너무나도 크다.

2010년 인구통계 연보에서 이혼의 사유를 보면 성격 차이 45.4%, 경제문제 12.0%, 배우자 부정 8.6%, 가족 간의 불화 7.3%, 정신적 육체적 학대 4.8% 순으로 나타나고 있다. 이러한 이유의 근본적인 원인은 무엇일까?

첫째, 우리는 가까운 사람일수록 자기감정을 숨김없이 드러내어 '화'를 끊임없이 내고 있기 때문이다. 결국은 가장 사랑하는 가족에게 상처를 입히며 살아간다. 그리고 그 감정을 차곡차곡 쌓아두고 그것이 높아지면 원한을 품게 되는 것이다. 결국 성격이 서로 안 맞는다고 생각하며 가족 간의 불화가 일어나며, 불화는 정신적·육체적 학대, 배우자 부정으로 이어지게 된다. 결국 이혼까지 치닫는 것이다. 그런데 화를 내는 이유를 보면 별것 아니라는 것을 독자도 잘 알 것이다.

두 번째, 이러한 이혼의 사유들은 상대에게 욕심을 버리지 않기 때문에 일어나는 것이다. 이혼에 대해 인각印覺 큰 스님께서는 다음과 같은 법문을 하셨다.

"내가 상대에게 바라기만 하니까 일어나는 것들입니다. 만약 상대에게 바라는 것이 없고 주기만 한다면 원망이 없고 다툼이 있을 수가 없습니다. 결국 우리는 서로에게 주지는 않고 받으려 해서 감정이 일어나고 화가 나는 것입니다. 경제문제도 마찬가지입니다. '내 복이 없어 이런 배우자를 만났구나'라고 생각하면 편할 것입니다. 그리고 내 복이 없는 것을 내가 키워야지 누구에게 달라고 하는가요? 상대에게 내가 바라는 것이 없고 주기만 한다면 나의 복 그릇이 커질 것입니다. 원래 조롱박 같은 내 복 그릇인데 그 조롱박마저 깨버렸으니 담을 그릇조차 없습니다. 결국 자기가 첫 단추를 잘못 끼웠는데 그 밑의 단추는 제대로 끼워질까요? 자기 역시 다른 사람을 만나면 만신창이가 돼버릴 것입니다. 내가 주기만 한다면 나를 싫어하는 사람이 없을 것입니다. 내가 받으려고만 하니 싫어하고 원수가 생깁니다. 받는 자가 받다가 보면 미안해서 돌아오게 됩니다. 갈라져서 각각 너는 너대로 나는 나대로 살고 있더라도 주다가 보면 돌아오게 돼 있습니다. 미우니 고우니 해도 지금 나의 배우자가 그래도 천생배필입니다."

필자는 오늘까지 인각 큰 스님의 가르침으로 156일째 화를 내지 않는 생활을 하고 있다. 화를 내지 않는 것이 아니라 '화' 자체가 사라지는 것이다. 그것은 바로 '어떻게 이럴 수가 있어?'가 아니라 '아! 이럴 수도 있겠구나'라는 화두이다.

욕심을 버려 만족함을 알아서 작은 것에도 감사할 줄 알고 자기 기준의 감옥을 부순다면 급증하는 우리나라의 이혼율을 줄여나갈 수 있을 것이다. 이젠 우리 시민들이 나서서 이혼을 줄이는 운동을 시작해야 하지 않을까?

출처 : 영남일보 C/E/O/칼/럼 2011년 12월 27일

분노 조절 방법 국민운동 전개할 때

최근 들어 우리나라 사람들이 분노를 조절하지 못해 어려움을 겪는 사례가 많다. 이 문제는 인간이라면 공통으로 가진 문제라고 할 수 있다.

특히 우리나라의 경우는 급속한 경제성장을 이룩하면서 정신적으로는 더욱 여유가 없어진 것이다. 우리는 하루에도 몇 번씩 화를 내고 짜증을 내고 신경질을 내며 살아가고 있다. 그것이 증폭되는 순간이 바로 분노가 돼 순간의 감정을 참지 못하고 돌이킬 수 없는 일을 저지르고 만다.

실례로 얼마 전에 일어난 제주 카니발 운전자 폭행 사건 등과 같이 운전자 보복 운전 범죄 사건이 끊이질 않고 있다. 최근 2년간 보복 운전 범죄가 9,000여 건에 달하는 것으로 나타났다. 이와 함께 한강 토막 살인 사건 같이 욱하는 감정을 참지 못한 '우발적 살인'을 한 협의자는 10년 새 52%가 늘어났고, 방화는 10년 새 68%가 증가했다고 한다. 결국 우리 사회가 갈수록 분노 조절을 못 해 병들어가고 있다는 증거이다. 이제 우리 사회를 치유하지 않으면 안 될 시점에 도달했다. 따라서 이러한 분노로 인한 충동적 행동을 없애고 스트레스를 받지 않는 방법에 관해 이야기하고자 한다.

우선 화의 근원이 어디서 오는지를 살펴보면 우리 인간은 누구나 자기만이 보고 듣고 배운 것들을 갖고 기준을 세워두고 살아간다. 따라서 본인에게 다가오는 모든 일들에 대해 자기 기준에 집어넣어 해석해보고는 그 기준에 들어오지 않으면 '어떻게 이럴 수가 있어?'라고 감정을 일으키며 화를 내게 된다.

결국 우리는 내가 만들어놓은 내 기준이라는 감옥 속에 갇혀서 살고 있다. 내가 바라는 바대로 상대가 해주기를 요구하지만, 세상은 절대 내가 바라는 바대로 해 주지를 않는다. 그 이유는 무엇일까? 바로 각자의 기준이 다르기 때문이다. 이렇게 내 기준에서 멀면 멀수록 감정이 일어나고, 그것이 심해지면 시쳇말로 눈에 보이는 게 없어지는 것이다. 그러니 살인, 방화, 폭력 등이 일어나고 마는 것이다.

이러한 충동적인 행동을 없애기 위해서는 바로 '화가 발생하지 않는 생활'을 실천하는 것이다. 그 화를 없애는 방법은 생각보다 간단하다. 내 기준에 들어오지 않을 때 '어떻게 이럴 수가 있어?'

라고 하는 것이 아니라 '아, 당신 입장에서는 그럴 수도 있겠구나!' 라고 바라봄으로써 화가 발생하지 않는 것이다.

결국 내 기준을 부숴버리면 화가 발생하지 않는 것이다. 나아가서 나에게 다가오는 일들이 이럴 수도 있고, 저럴 수도 있고, 그럴 수도 있겠다고 바라보면 내 감정이 일어나지 않고 화가 발생하지 않는다.

제주도 카니발 운전자의 폭행 사건을 보면 마음이 급해 빨리 가려고 하는 카니발 운전자는 앞에서 아반떼 운전자가 느긋하게 가니 화가 나서 그렇게 한 것이다.

갑자기 그러한 일을 당하면 "아 많이 바쁘면 먼저 가라"라고 양보하면 된다. 마음이 급하고 열이 나 있는 사람에게 시비를 거니 화가 극도로 도달했기 때문이다.

장대호 한강 토막살인도 마찬가지이다. 5분 먼저 갈려다가 50년 먼저 죽는 것이나, 순간의 감정을 다스리지 못해서 살생이 일어나는 것이 같다. 피해의식을 갖고 순간적인 감정을 못 참아서 젊은이가 나이 많은 사람을 살해한 것이다. 극한적인 행동 때문에 모든 것을 파괴한다.

이제는 "어떻게 이럴 수 있어?"가 아니라 "아, 당신 입장에서는 그럴 수도 있겠구나!"로 내가 세워둔 내 기준이라는 감옥을 부수자. 모든 것은 지는 게 이기는 것이다.

필자는 이러한 화두로 '화가 발생하지 않는 생활'을 9년째 실천해오고 있다. 우리 함께 '화가 발생하지 않는 생활'을 국민운동으로 전개해나가 행복한 대한민국을 만들어 갈 때이다.

출처 : 영남일보 C/E/O/칼/럼 2019년 9월 27일

Epilogue

실천하지 않으면 아무것도 얻을 수 없다.

하버드대학에서 75년간 연구한 결과 우리 인간이 행복하고 오래 사는 이유로 부와 명예가 아니라 '좋은 관계'라고 했습니다. '좋은 관계를 맺는다는 것은 골치 아픈 일이다'라고 결론을 맺었는데, 본 책에서는 그 좋은 관계를 맺는 방법을 제시했습니다.

특히 우리 인간이 스트레스를 받을 수밖에 없는 이유와 어떻게 하면 스트레스를 받지 않고 살아갈 수 있는지, 좋은 관계를 맺을 수 있는지, 특히 부부간에 행복하게 살아갈 수 있는 두 가지 원리와 36가지 지혜를 제시했습니다.

중요한 것은 이것을 알고도 내가 실천하지 않으면 얻을 수 있는 것은 아무것도 없다는 것입니다. 바로 실천해서 우선 내가 행복해지고 내 가정을 행복하게 하고, 나와 관계있는 모든 사람을 행복하게 만들 수 있습니다.

이렇게 나라는 작은 범위에서부터 실천할 때 나와 너를 넘어 가정, 학교, 사회 그리고 온 세상 사람들에 이르기까지 행복한 삶을 살 수 있을 것입니다.

앞에서 살펴봤듯이 행복하게 사는 데는 그리 큰 희생을 요구하지 않습니다. 내가 지금까지 보고 듣고 배운 것을 가지고 나만의 기준을 만들어 두었는데 그 기준을 버리는 것입니다. 그리고 나의 남편, 나의 아내에게 바라는 마음을 없애야 합니다.

모든 것은 나로부터 출발합니다. 내가 내 기준으로 얼마나 배우자를 가두었는지를 돌아봐야 합니다. 당신 탓이 아니라 내 탓입니다. 내가 먼저 바뀔 때 상대가 바뀌어 오게 되어있습니다. 불평불만이 아닌 감사함을 표할 때부터 세상은 불행에서 행복으로 바뀌기 시작하는 것입니다. 조금 있다가 가 아닌 바로 지금부터 실천해나갈 때 이루어지는 것입니다.

그리고 20대 혹은 30대 만나 평생 내 인생의 반 이상을 함께 할 나의 반려자. 이 얼마나 큰 인연인가요? 이보다 더 길고 큰 인연이 있을까요? 불가에서 부부는 전생숙업지난 세상에서 지은 여러 가지 선악의 업으로 만난다고 했습니다. 전생에 빚쟁이가 서로 만나서 빚을 받으러 온 인연인데 그 빚을 갚을 생각은 안 하고 오히려 내놓으라 하는 것이 우리네의 인생입니다. 바로 불행의 시작입니다. 따라서 빚을 갚아야 행복이 만들어질 것입니다. 남편의 행복이 아내의 행복이고, 아내의 행복이 남편의 행복입니다. 그리고 내 가정의 행복인 겁니다. 이렇게 행복한 가정이 늘어갈 때 세상은 절로 행복해질 수밖에 없을 겁니다.

결코 남은 시간이 많지 않습니다. 내가 40대이면, 50대이면, 60대이면 앞으로 몇 년을 더 함께 할 수 있겠습니까? 길어보았자 몇십 년 그것도 건강하게 정상적인 활동을 하면서 살아갈 날은 더 짧다는 것을 너무나도 잘 알 것입니다.

행복은 나를 버릴 때 시작되는 것입니다. 사소한 화가 행복을 부숴버립니다. 사소한 칭찬은 상대방의 자존감을 세워주고 칭찬하는 이에게 좋은 감정을 갖도록 합니다. 사소한 화가 가정을 불안하게 만듭니다. 사소한 감사는 베푼 이의 마음을 흔들어 갑절의 행복을 부릅니다. 감사한 마음 앞에서 화는 자연스럽게 사라집니다. 남편에게 그리고 아내에게 지금까지 내 기준으로 요구를 한 잘못된 행동에 대해 용서를 구해야 합니다. 그리고 이런 나와 함께 살아준 남편·아내에게 감사합시다.

"남편·아내에게 질렸어요!"
아니요.

결혼하기 전에 설레던 "남편·아내으로 신비로운 너의 모습 나의 사랑!"이라고 외칠 수 있도록 합시다.

그런데 이렇게 공감이 되고 그렇게 실천하려고 마음을 먹더라도 머리로는 이해되는데 가슴으로는 안 받아들여진다는 분들이 많이 있습니다. 그것은 당연한 결과입니다. 이미 내가 살아온 세월만큼이나 악습이 매우 강하게 굳어있기 때문입니다. 따라서 혼자 실천하기에는 어려움이 따릅니다.

시시비비가 일어나는 것은 성품 때문입니다. 사람의 인성은 바꿀 수가 없습니다. 바꿀 수 없는 인성을 바꾸기 위해서는 악습 하나하나를 시정해줘야 합니다. 그런데 모든 것은 자기 합리화가 되어 있기 때문에 자기도 모르게 무의식적으로 반복하게 됩니다. 나의 잘못된 정신세계와 잘못 인지되어있는 나의 행동 악습을 교정시켜주고 바꾸어줄 수 있는 선지식이 반드시 필요합니다.

참 나를 찾아가는 수행처인 석불사에서는 수백 명 의 도반들은 모두가 하나같이 저처럼 화를 내지 않고 행복한 삶을 살고 있습니다.

우리는 아직 행복해질 기회가 있습니다.
감사합니다.

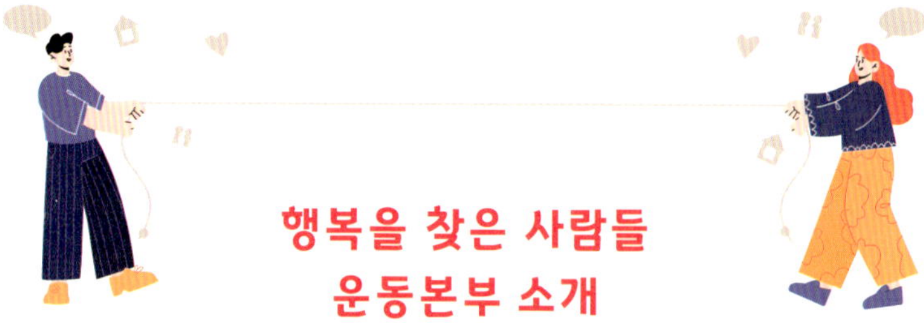

행복을 찾은 사람들
운동본부 소개

행복을 찾은 사람들 운동본부에 오신 분들 참으로 좋은 인연입니다.

저는 기업을 경영하면서 스트레스를 너무 많이 받아 한 달에 두서너 번씩 병원에 다녀야 할 정도로 힘든 생활을 해왔습니다. 그렇게 힘든 생활을 하면서 그 해결방법을 찾고자 여러 곳을 찾아다녔습니다. 천년고찰에 가서도 템플스테이도 해보고 스님에게 질문도 해보고 했으나 답을 찾을 수가 없었습니다. 그러나 2011년에 경주에 있는 인각 큰스님을 뵙고 난 뒤 그동안 풀리지 않았던 모든 문제들이 한꺼번에 풀어지는 것이었습니다. 그때부터 '화가 발생하지 않는 생활'을 실천하면서 행복이 멀리 있는 것이 아니라 즉시 행복해 질 수 있다는 놀라운 경험을 하였습니다.

이는 누구든지 행복해질 수 있는 길이기에 저의 경험사례를 이야기하고 많은 사람들에게 알리고자 영남일보 칼럼을 연재하면서 "행복을 찾은 사람들 운동본부" 블로그를 만들었습니다.

행복을 찾아가는 사람들이 아닌 이미 행복을 찾은 사람들의 모임이라는 의미입니다.

그동안 '화가 발생하지 않는 생활'을 실천하면서 경험한 사례들을 블로그에 올려서 그 블로그를 보고 찾아준 여러 사람들과 상담을 하였습니다. 지금까지 행복을 찾은 사람들 운동본부에서 진행했던 주요 사업들을 보면 다음과 같습니다.

「QR코드를 카메라로 촬영하시면
행복을 찾은 사람들 운동본부로 연결됩니다」

갈등관리 · 스트레스관리 · 부부관계개선 강연

전국적으로 갈등관리 · 스트레스 관리 · 부부관계개선 등의 주제로 강연을 많이 하고 있습니다.

특히 '중년에도 신혼처럼 살아가는 법'과 '스트레스받지 않는 생활 실천 방법', '조직 내 소통과 갈등관리', '행복한 직장생활 조직생활 방법', '기업 가치관 경영 워크샵', '무 스트레스 삶', '지친 CEO를 위한 스트레스 해소와 힐링 법' 등의 주제로 강의를 많이 하고 있습니다.

또한 농촌 마을 종합개발사업에서 마을 간, 지역 간 갈등이 많이 일어나는데 그러한 마을 리더 갈등관리, 갈등 해소 관련 강의를 하고 있습니다.

기업 가치관 경영 도입 운동

기업에서 어떻게 해야 기업을 일 잘하고 즐거운 일터, 행복한 일터로 만들 수 있을까요?

기업 가치관은 '사명, 핵심 가치, 비전' 등 3가지의 가치관으로 정립됩니다.

'사명(Mission)'은 '우리 회사는 왜 존재하는가?', '핵심가치(Core Value)'는 '우리 회사는 어떤 방식으로 사업할 것인가?', '비젼(Vision)'은 '우리 회사가 가진 꿈은 무엇인가?'와 같습니다. 이러한 가치관은 누구나 쉽게 실천할 수 있도록 명확하고, 구체적이어야 하며 구성원이 가장 중요하게 인식하고 실천해야 합니다.

출처 : 행복을 찾은 사람들 운동본부

기업이나 조직의 본질은 '사람'이고, 사람의 본질은 '생각'입니다. 그리고 이 생각이 곧 '가치관'입니다. 사람은 이 가치관에 따라 움직이고 존재합니다. 기업은 CEO의 경영철학이나 가치관이 곧 그 기업의 가치관이 되고, 모든 직원들에게 공유되어 가치관에 따라 행동하도록 이끌어가야 합니다.

가치관이 확실한 기업은 혼이 살아있고, 자율성과 권한위양의 조직 분위기가 만들어지게 됩니다. 그리고 이것은 시간이 지나면서 기업문화로 자리 잡게 되고, 결국에는 그 기업의 경쟁력을 높여주게 됩니다.

사단법인 한국강소기업협회 나종호 상임부회장(경영학박사)

출처 : 중소기업신문(http://www.smedaily.co.kr)

가치관 경영은 기업이 성장하고 직원이 행복한 일터로 만들어갑니다.

보복·난폭운전 예방운동전개

평소에 얌전한 사람도 운전대만 잡으면 난폭해지는 경향이 많습니다. 특히 난폭운전은 순간의 감정으로 큰 실수를 저 지러 게 만듭니다.

우리는 화가 날 때에 어떻게 이럴 수가 있어! 하면서 감정을 일으키는데 그 감정이 폭발하게 되는 임계점이 있습니다. 따라서 그 임계점을 넘지 않으면 보복운전이나 폭행을 막을 수 있을 것입니다.

이러한 점에서 착안하여 '화가 날 땐 이런 저런 그런 일도 있겠구나'라는 스티커를 차 뒤 유리에 부착하여 보는 사람들로 하여금 분노를 누그러뜨릴 수 있는 역할을 하도록 하였습니다.

〈보복·난폭운전 예방 차량스티커〉

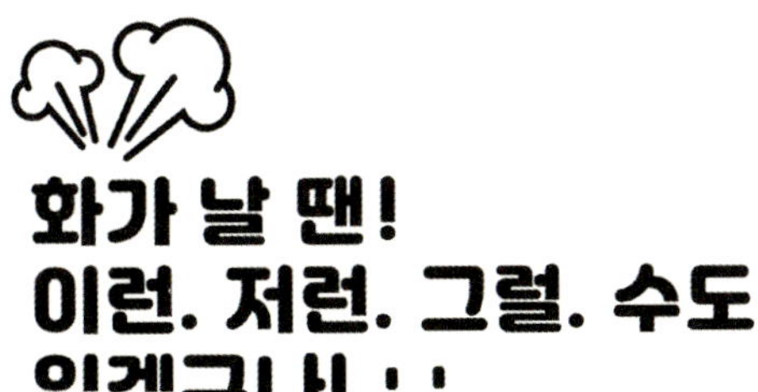

출처 : 경주석불사·행복을 찾은사람들 운동본부

보복·난폭운전 예방운동전개_국회방송 출연

1. **프로그램명** : 국민 입법 제안 – 우리가 만드는 세상
2. **방송 일정** : 2019년 12월 3일(화) 21:30
3. **방송 시간** : 총 10분
4. 주요 주제 : 화가 발생하지 않는 생활 및 난폭·보복 방지를 위한 차량 스티커 소개

2019년 8월, 경찰청에서 발표한 보도 자료에 따르면 난폭운전, 보복운전의 건수가 난폭운전은 전년도 대비 51%, 보복운전은 16%나 증가했다고 합니다.

이에 현재 대한민국에서는 도로 위 악마라 불리는 난폭·보복운전 근절을 위해 여러 분야에서 많은 노력과 아이디어들이 나오고 있는데요, 국민 입법 제안 우리가 만드는 세상에서는 사고 유발자, 난폭·보복 운전의 실태에 대해 살펴보고 이를 근절하기 위해 곳곳에서 노력하고 있는 사람들의 이야기와 근본적인 대책은 무엇인지 알아보려 합니다. 이에 박순석 님께서 실천하고 계신 화가 발생하지 않는 생활 및 난폭·보복 방지를 위해 제작하신 스티커 등에 대한 이야기를 들어보고자 하오니 인터뷰 협조 부탁드립니다.

출처 :국회방송 국민입법제안 우리가 만드는 세상 방송 캡쳐

Q. 선생님께서 화나지 않는 생활을 실천하게 된 계기 및 실천 방법은 무엇인가요?

저는 1995년 회사를 설립하여 사업을 해오고 있는데 사업을 하다 보니 스트레스를 너무 많이 받게 되었습니다. 업무상 입찰제안을 많이 하는 편인데 제안평가에서 1등을 했는데도 2등으로 떨어지는 사례들도 많이 발생하였습니다.

그러니 억울함이 점점 더 커지니 스트레스로 너무 힘들게 살아가고 있었습니다. 그렇게 스트레스로 힘들게 살아가고 있는 과정에서 경주 석불사의 인각 스님을 만나 뵙게 되고 스님 법문을 듣게 되었는데

인각 큰 스님 법문

나에게 다가오는 일들이 이럴 수도 있구나 그럴 수도 있구나 저럴 수도 있구나라고 바라봐야된다. 내가 세워둔 내 기준을 부숴야 한다는 말씀에 스트레스를 받지 않으면서 행복한 생활을 시작하기 시작했습니다.

2011년도인데 그때부터 저는 화가 발생하지 않는 생활을 실천해 오고 있으며 건강도 되찾아 병원하고 이별할 정도로 건강하게 살아가고 있습니다.

Q. 이와 관련해 난폭·보복 운전이 우리 사회에 얼마나 많은 악영향을 미치고 있다고 생각하시나요? 또한 지난 제주도 카니발 난폭·보복 운전 사건을 계기로 스티커를 제작하셨다고 들었습니다. 어떠한 스티커이며, 우리 사회에 어떤 효과를 줄 것이라 예상하시나요?

출처 :국회방송 국민입법제안 우리가 만드는 세상 방송 캡쳐

평소에 얌전한 사람도 운전대만 잡으면 난폭해지는 경향이 많습니다. 특히 난폭운전은 순간의 감정으로 큰 실수를 저지르게 만듭니다. 지난번 제주도 카니발 운전자의 보복운전과 폭행을 보면 알 수 있습니다.

이러한 보복운전뿐만 아니라 우리 인간이 매일매일 일으키는 감정이 우리 삶을 불행하게 만들어가고 있습니다.

결국 내 기준에 들오지 않는다고 짜증을 내고 감정을 내고 분노를 일으키지요.

그러한 결과 상대방도 고통스럽고 나 또한 스트레스를 받을뿐더러 순간의 분노를 참지 못해 살인까지 하기도 합니다.

이러한 폐해는 결국 이혼율의 급증, 자살률 급증, 보복운전 급증 등으로 우리 사회가 병들어가고 있습니다.

우리는 화가 날 때에 어떻게 이럴 수가 있어! 하면서 감정을 일으키는데 그 감정이 폭발하게 되는 임계점이 있습니다.

따라서 그 임계점을 넘지 않으면 보복운전이나 폭행을 막을 수 있을 것입니다.

이 보복운전 방지 스티커가 그렇게 화를 조금 누그러뜨릴 수 있는 역할을 할 수 있을 것입니다.

근본적인 스트레스 예방과 화가 발생하지 않는 생활을 통한 삶의 행복을 찾을 수 있는 길이 있습니다.

경주 석불사의 인각 스님께서 다음과 같은 실천 방안을 제시해 주고 계십니다.

첫째, 살아가면서 내 눈으로 귀로 보고 들은 것을 가지고 분별심과 감정을 일어나지 않게 단속하는 방법입니다.

저는 봉사가 되겠습니다. 저는 귀머거리가 되겠습니다. 저는 바보 천치가 되겠습니다.[1)]

둘째, 보고 들은 것을 가지고 내 감정이 일어나려고 할 때 단속하는 법입니다. 아 당신 입장에서는 그럴 수도 있겠구나 하고 감정을 쳐내는 것입니다.

이럴 수도 있겠구나.

저럴 수도 있겠구나.

그럴 수도 있겠구나.

1) 여기서 봉사 귀머거리 바보천치는 부처님 법문에 나오는 안이비설신의(眼耳鼻舌身意) 육입을 단속하고 수행하는 방법을 의미하며 장애인에 대한 비하의미는 없습니다.

셋째, 바라는 마음을 없애는 것입니다.

상대에게 욕심을 갖는 순간부터 남을 배려하는 마음이 없어집니다. 욕심이 없을 때 남을 위해 베풀고 싶은 자애로움이 일어나는 것입니다. 우리가 남을 원망하고 미워하고 원수가 되는 근본은 무엇 때문입니까? 그 역시 바라는 욕심, 원하는 욕심이 그런 결과를 불러오는 것입니다.

Q. 앞으로 난폭·보복 운전 근절을 위해 어떠한 법들이 생겼으면 하는지 개인적인 의견 부탁드립니다.

보복운전이나 난폭운전으로 판결을 받을 때 사회봉사명령 등이 있는 것으로 아는데 보복운전 방지 스티커를 의무적으로 부착하고 다닌다면 보복운전을 한 본인은 물론이거니와 그 스티커를 보는 많은 운전자들의 감정을 누그러뜨리고 화를 누그러뜨려 사회를 한층 행복하게 만들 수 있을 것입니다.

송년인사카드 '스트레스 없소' 배포

신축년에는 스트레스 없소 3마리 키우시죠.

필자는 연말에 송년인사 카드를 디자인하여 지인들에게 보내는데 2021년 소띠 해에는 '스트레스 없소'라는 카드를 만들어 보냈습니다.

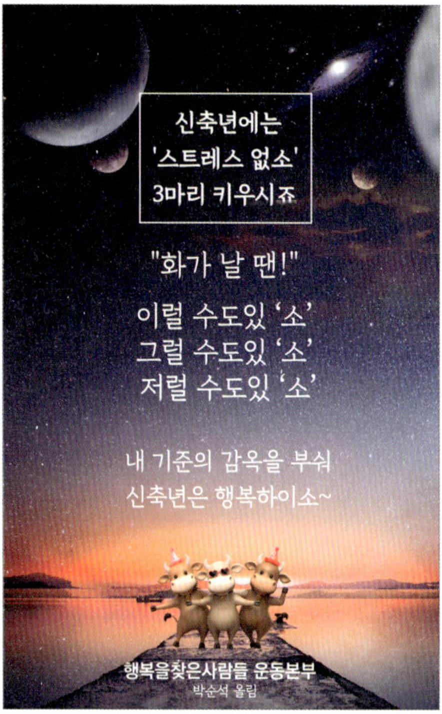

2021년 신축년 스트레스 없'소' 신년카드

지인들에게 이렇게 보내니 그 내용이 너무 좋다하면서 자기도 보내도 되겠느냐고 해서 블로그에 다양하게 제작하여 누구든지 활용할 수 있도록 오픈하였습니다. 신년 인사카드를 다운받아서 주변에 행복을 많이 전달도록 하였습니다.

그 뒤 매년 신년인사 카드를 만들어 배포를 하였습니다.

2022년 임인년 스트레스 없'호'신년카드

2023년 계묘년 스트레스 없'토'신년카드

스트레스와 근심걱정 부부간 가족 간의 불화로 인해 어려움을 겪고 있으신 분들은 행복을 찾은 사람들 운동본부로 오셔서 행복을 한아름씩 받으시길 기원 드립니다.

감사합니다.